essentials

essentials liefern aktuelles Wissen in konzentrierter Form. Die Essenz dessen, worauf es als „State-of-the-Art" in der gegenwärtigen Fachdiskussion oder in der Praxis ankommt. *essentials* informieren schnell, unkompliziert und verständlich

- als Einführung in ein aktuelles Thema aus Ihrem Fachgebiet
- als Einstieg in ein für Sie noch unbekanntes Themenfeld
- als Einblick, um zum Thema mitreden zu können

Die Bücher in elektronischer und gedruckter Form bringen das Fachwissen von Springerautor*innen kompakt zur Darstellung. Sie sind besonders für die Nutzung als eBook auf Tablet-PCs, eBook-Readern und Smartphones geeignet. *essentials* sind Wissensbausteine aus den Wirtschafts-, Sozial- und Geisteswissenschaften, aus Technik und Naturwissenschaften sowie aus Medizin, Psychologie und Gesundheitsberufen. Von renommierten Autor*innen aller Springer-Verlagsmarken.

Weitere Bände in der Reihe http://www.springer.com/series/13088

Klaus M. Bernsau

Total Web Quality

Wie kleine, mittelständische
Unternehmen ihre Webseite
umfassend steuern und verbessern

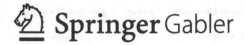

Klaus M. Bernsau
KMB| Konzept Management Beratung für
Unternehmenskommunikation, Wiesbaden
Deutschland

ISSN 2197-6708   ISSN 2197-6716   (electronic)
essentials
ISBN 978-3-658-33957-9   ISBN 978-3-658-33958-6   (eBook)
https://doi.org/10.1007/978-3-658-33958-6

Die Deutsche Nationalbibliothek verzeichnet diese Publikation in der Deutschen Nationalbibliografie; detaillierte bibliografische Daten sind im Internet über http://dnb.d-nb.de abrufbar.

Planung/Lektorat: Imke Sander
Springer Gabler ist ein Imprint der eingetragenen Gesellschaft Springer Fachmedien Wiesbaden GmbH und ist ein Teil von Springer Nature.
Die Anschrift der Gesellschaft ist: Abraham-Lincoln-Str. 46, 65189 Wiesbaden, Germany

Was Sie in diesem *essential* finden können

Dieses essential gibt kleineren Unternehmen wie Einzelhändlern, Handwerkern und Gewerbebetrieben eine kompakte Anleitung an die Hand, worauf sie bei ihrer Webseite achten müssen, um mit ihr erfolgreich zu sein.

Dieses essential erläutert alle Qualitätskriterien einer performanten und umsatzbringenden Webseite und zeigt auf, wie diese grundlegend analysiert werden können und welche Schritte anschließend notwendig sind.

Dieses essential erklärt, wie bedeutend die Themen Usability, Suchmaschinenoptimierung oder Zielgruppenorientierung sind und beschreibt den Wert von Dialogmaßnahmen, Responsivität und Design.

Inhaltsverzeichnis

Über den Autor

Dr. Klaus M. Bernsau ist Gründer und Geschäftsführer einer Beratung für Unternehmenskommunikation, insbesondere Online-Kommunikation, sowie Hochschuldozent für angewandte Kommunikationstheorie, Informatik und Innovationsmanagement an verschiedenen Hochschulen.

Abbildungsverzeichnis

Tabellenverzeichnis

Die Bedeutung der Online-Kommunikation für den Unternehmenserfolg

1.1 Unternehmenswebseite: Selbstverständlichkeit oder permanente Baustelle?

Ein Unternehmen ohne Webseite? Heute undenkbar, glauben Sie? Sie werden überrascht sein. Im Rahmen einer empirischen Untersuchung, die ich an der Hochschule Rhein-Main mit Unterstützung der Handwerkskammer Wiesbaden durchführen durfte und die den Anstoß zu diesem Buch gegeben hat, stellte sich heraus, dass knapp 50 % der Handwerksbetriebe in Wiesbaden und Umgebung keine Webseite haben, zumindest keine, die man über Google findet. (Bernsau 2019).

Aber auch der Blick auf die vorhandenen Webseiten zeigte wenig Erfreuliches (Bernsau 2019, S. 56 ff.):

- Trotz des schon über Jahre andauernden Hypes um Ausrichtung von Webseiten an Suchmaschinen setzen gerade mal 20 % der Seiten Google Analytics oder ein ähnliches Tool zur Analyse von Nutzerverhalten ein.
- Die Hälfte der Webseiten ist nicht übers Smartphone nutzbar.
- 2 Jahre nach Einführung der Datenschutzgrundverordnung haben nur ein Drittel der Seiten eine SSL-Verschlüsselung.
- In puncto Usability und modernes Design fällt das Urteil fast durchgängig mangelhaft aus. Man sieht den meisten Seiten an, dass sie fünf Jahre oder älter sind.

K. B. Bernsau, *Total Web Quality*, essentials, https://doi.org/10.1007/978-3-658-33958-6_1

- Aber auch was Inhalte und Angebot angeht, ist das Ergebnis ernüchternd. Gerade mal 5 % der Unternehmen adressieren erkennbar bestimmte Zielgruppen. Oft fehlen spezifische Inhalte, oder der Umfang der Seiten ist eher dürftig.

Das allgemeine Fazit der Untersuchung lautete dementsprechend: nicht präsent, veraltet und nicht nutzerorientiert. Dieses Schlaglicht aus dem Handwerk kann auf viele andere kleine und mittelständische Unternehmen übertragen werden. So spricht doch vieles dafür, dass der Handwerksbetrieb prototypisch für alle zumindest kleinen KMUs gelten kann. (Mosler 2016; Graber 2015; Battermann 1997).

Füllen Sie sich ertappt? Hand aufs Herz, wann haben Sie sich zuletzt Ihre eigene Webseite kritisch angesehen? Wann zuletzt etwas geändert? Wann einen Experten um seinen bzw. ihren Rat gebeten? „Um was soll ich mich denn noch alles kümmern?", höre ich in der Beratungspraxis von Mittelständlern häufig. Oder bei Unternehmen, die etwas größer sind, und bei denen Mitarbeiter für das Thema Marketing und Werbung zuständig sind, heißt es häufig: „Designer, Spezialisten für Google oder Texter extern beauftragen? Dafür hat mein Chef doch mich eingestellt ..."

Auf der anderen Seite tauchen in KMUs immer neue Themen auf, die angeblich die allerwichtigsten sind, wenn es um die Internetseite geht. Auf einmal war da der Datenschutz. Dann gibt es schon eine ganze Weile Google und die Suchmaschinen-Optimierung. Zudem gilt plötzlich „Mobile First", also die Handytauglichkeit, als das Non-Plus-Ultra. Aber haben Sie schon mal die Ladegeschwindigkeit Ihrer Webseite gemessen? Wie sieht es mit dem USP – der unverwechselbaren Positionierung – aus? Schon mal die Usability, die Bedienbarkeit, Ihrer Webseite ermittelt?

Da ist nachvollziehbar, dass man das Thema gerne bei Seite schiebt und sich vermeintlich wichtigeren Themen zuwendet. Zumal jeder einen Unternehmer im Bekanntenkreis hat, der erzählt, dass er mehrere Tausend Euro in seine Webseite investiert hat, ohne dass er davon jemals etwas in der Kasse gemerkt hat. Auf der anderen Seite hört man auch immer wieder: „Die Geschäfte gehen doch sehr gut." Warum da in die Webseite investieren? Und wenn – wo am besten?

Dieses Essential macht klar, dass in sehr naher Zukunft kein noch so kleines oder mittelständisches Unternehmen, ob Handwerker, Gewerbebetrieb oder Dienstleister, ohne ein professionelles Online-Business auskommen wird. Und dieses Essential gibt Ihnen ein Steuerungsinstrument an die Hand, mit dem Sie das Herzstück Ihres Online-Business, Ihre Webseite, ganzheitlich und professionell steuern können. Ganz egal, ob Sie sie noch selbst betreuen oder ob Sie sie schon an einen Dienstleister übergeben haben.

1.2   Jedes Geschäft wird ein Online-Geschäft

Die Zahl der Online-Nutzer hat über viele Jahre kontinuierlich zugenommen (ARD/ZDF 2020). Auch in den kaufkräftigen Altersklassen jenseits der 50 ist das Internet zum Leitmedium geworden. (Frees und Koch 2018, S. 399) Diese veränderte Mediennutzung geht vor allem zulasten der gedruckten Medien – den klassischen Kommunikationsinstrumenten der KMUs. Gleichzeitig steigt die Bereitschaft, Einkäufe über das Internet zu tätigen. (statista.de 2020) Aber auch das Informationsverhalten zu Leistungen, die nicht online erbracht werden können – wie z. B. Handwerksleistungen – verändert sich radikal. Google ersetzt die Gelben Seiten. Die Empfehlung holen wir uns bei Facebook, Instagram und Co. und nicht mehr beim Nachbarn. (Blume et al. 2020, S. 12; Heintze 2018).

Zwei Begriffe bringen diese Entwicklung auf den Punkt und malen ein drastisches Bild davon, was KMUs in der nahen Zukunft erwartet: Aufmerksamkeitsökonomie und Plattformwirtschaft.

1.2.1   Aufmerksamkeitsökonomie

Der Begriff der Aufmerksamkeitsökonomie geht auf ein Buch des Stadtplaners Georg Franck aus den späten Neunzigern zurück. (Franck 1998) Schon vor Erfindung von Facebook und Google postulierte Franck, dass die Aufmerksamkeit des Menschen durch die wachsenden Informationsangebote und die Reizüberflutung als knappes Gut anzusehen ist, das bewirtschaftet werden muss und bepreist werden kann.

Das ist nicht grundsätzlich neu: die 1 A-Lage eines Geschäfts mit viel Laufkundschaft und guter Erreichbarkeit lassen sich Vermieter schon immer bezahlen. Und das im Ort alteingesessene Unternehmen hatte einen Vorteil gegenüber dem Neuling. Effekte der Aufmerksamkeitsökonomie, bevor es den Begriff so gab.

Als Verschärfung der klassischen wirtschaftswissenschaftlichen Erkenntnis, dass Märkte von Anbieter- zu Nachfrager-Märkten werden können (Wöhe und Döring 2005, S. 480 f.), werden jetzt nur noch Angebote und Anbieter auf dem Markt bestehen können, die sich der Aufmerksamkeit ihrer potenziellen Kunden versichern können. D. h. Aufmerksamkeit wird nicht nur zum geldwerten Vorteil, sondern zum primären Erfolgsfaktor.

Hinzu kommt: Wenn die Grundbedürfnisse (Maslow 2010; Strelecky 2011) befriedigt sind, konkurrieren heutzutage völlig unterschiedliche Angebote miteinander um freie Konsumbudgets: der Urlaub mit dem neuen Auto, das Selbstfindungsseminar mit dem teuren Messerset für die Küche, der Personal Trainer mit dem Mega-Flatscreen. Durch die gewachsene mediale, räumliche und soziale Mobilität sind Konsumenten nicht mehr an die Angebote vor Ort gebunden: Handwerker kommen aus Polen, ein Auto kauft man in München und holt es doch in Wolfsburg ab, Florida, Nordkap und Dubai konkurrieren als Urlaubsziele gegeneinander. Nur wer hier die Aufmerksamkeit erlangt, kann nicht nur Bedürfnisse ansprechen, sondern auch stimulieren. (Scheier und Held 2006; Lindstrom 2009).

Die rasante Veränderung des Medienangebots – insbesondere das Aufkommen der sozialen mit Nutzerinhalten gefütterten Medien – haben ein Überangebot geschaffen, das wir uns vor einer Generation nicht vorstellen konnten. Zwei in diesen Medien populäre Grafiken verdeutlichen dies. Das sogenannte Social Media Prisma (Abb. 1.1) zeigt die Menge der verfügbaren Kanäle und Tools. Und Abb. 1.2 „Das Internet in einer Minute" verdeutlicht die schiere Masse des verfügbaren Materials. Der Pulitzer-Preisträger Ayad Akhtar bringt die Herausforderung der Aufmerksamkeits-Ökonomie im Zeit-Interview so auf den Punkt: „Der Leser interessiert sich für die Realität nur noch, wenn sie wie Entertainment aufbereitet ist." (Akhtar 2020, S. 15).

Das Internet und die sozialen Medien werden als Inspirations- und Beschaffungsquelle immer wichtiger. Wer online nicht stattfindet, existiert nicht. Inzwischen ist erwiesen, dass Aufmerksamkeit wirklich als ökonomische Größe betrachtet werden kann. Und alle Unternehmen sind gehalten, individuelle, leicht konsumierbare und prägnante Inhalte zu produzieren. (Mohr und Thiesen 2019, S. 72 f.) Und in der Plattformwirtschaft professionalisieren und monopolisieren wenige Anbieter die Gesetze der Aufmerksamkeitsökonomie.

1.2.2 Plattformwirtschaft – der Anfang vom Ende der klassischen Wertschöpfung?

Die bisherige Wirtschaft, die Old Economy, orientierte sich an der Wertschöpfungskette, wie sie der Berater und Hochschullehrer Michael Porter grundlegend beschrieben hat. Systematisch wird mittels der primären Produktionsfaktoren das

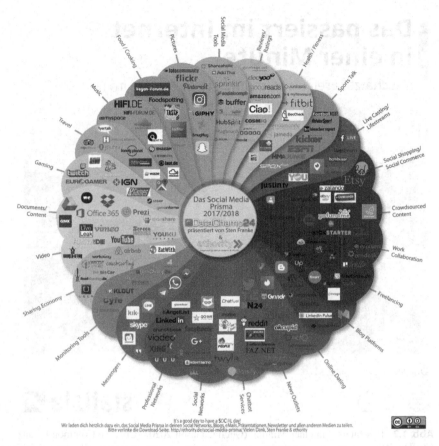

Abb. 1.1 Das Social Media Prisma. (Quelle: ethority 2018 – Creative Common Lizenz CC BY-SA)

Produkt ausgehend von den Rohstoffen entwickelt, vertrieben und später gewartet. Die sekundären Produktionsfaktoren wie Personal, Management oder IT sind lediglich Hilfsfunktionen. (Porter 1986).

Im E-Business erlangen Hilfsfunktionen eine ganz andere Bedeutung und werden eigene Geschäftsmodelle (Wirtz 2018, S. 389 ff.). Die sogenannten Connectoren stellen eine Verbindung zwischen Nachfragern und Anbietern her, also wie seit Jahrhunderten die Betreiber von Märkten und Messen. Das Neuartige am E-Geschäftsmodell der Connectoren ist die unbegrenzte Reichweite in

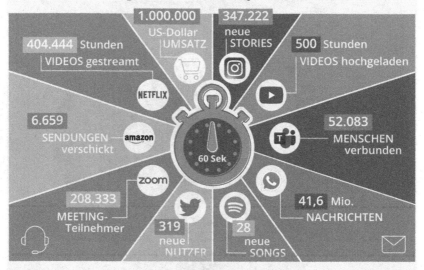

Abb. 1.2 Das Internet in einer Minute. (Quelle: Janson 2020 – Creative Common Lizenz CC BY-ND)

beide Richtungen, die der Nachfrager und der Anbieter. Dabei wächst der Wert des Connectoren-Netzwerks mit der Zahl seiner Mitglieder nicht linear, sondern quadratisch (Lemke und Brenner 2015, S. 29). Somit werden die Connectoren immer schneller attraktiv für ihre Nutzer je mehr Partner sie bei sich vereinen können. Hier greifen in vollem Umfang die Mechanismen der Aufmerksamkeits-ökonomie. D. h. im wachsenden Medienangebot wird es immer schwieriger, langfristig bekannt zu sein und dauerhaft wahrgenommen zu werden. Wer das erstmal geschafft hat, ist schwer von seiner Position zu verdrängen.

Es ist für viele Nachfrager zusehends attraktiver, nicht mehr direkt einen Anbieter zu suchen, sondern sich in die Hände der Plattformen zu begeben. Güter des täglichen Bedarfs werden bei amazon oder eBay gekauft, Reise-Unterkünfte bei Airbnb, Strom bei verivox, Kredite bei Smava und das Abendessen bei Lieferando und Co. Der Bündelung der Nachfrage müssen die Anbieter mehr oder weniger zögernd folgen. Bei einigen Branchen gibt es schon einen Quasi-Plattform-Monopolisten, nach dem Motto „The winner takes it all". (Pätzold 2019, S. 123 ff.) In anderen Bereichen tobt noch ein Wettbewerb zwischen mehreren Anbietern. D. h. gerade für kleine Mittelständler, dass Plattformen in Zukunft immer häufiger den direkten Zugang zum Kunden verstellen werden.

Buchhändler, Druckereien, Restaurantbetreiber oder Reisebüros haben es bereits erlebt und schon wesentliche Anteile ihres Geschäfts oder zumindest ihrer Marge an Plattformen abgegeben (Parker et al. 2017). Gerade kleine KMUs wie Handwerksbetriebe müssen erkennen, dass „die digitale Revolution in erster Linie eine Revolution der Geschäftsmodelle ist, und dass kein Geschäftsmodell so viel Sprengstoff birgt wie das Modell der Plattform." „Wer nicht aufpasst, endet als Handlanger von Amazon, Alibaba & Co.". (Keese 2017)

Die Gefahr ist nicht von der Hand zu weisen, dass KMUs eher über kurz als über lang den direkten Kontakt zu ihren Kunden verlieren, wenn sie nicht gegensteuern. Generell kann man auch für KMUs festhalten, dass das Business der Zukunft ein E-Business sein wird (Wirtz 2018; Lemke und Brenner 2015, S. 1 f.). Und für diesen direkten, unabhängigen Kontakt ist und bleibt die eigene Webseite[1] der zentrale Ausgangspunkt. (Lammenett 2015, S. 22 f.). Sie kann weder durch eine fremdbetriebene Plattform noch durch fremdbetriebene Social-Media-Angebote ersetzt werden. Darum ist es für KMUs unverzichtbar, klare Kriterien für das Qualitätsmanagement des eigenen Online-Auftritts an der Hand zu haben.

Literatur

Akhtar, Ayad (2020): Interview mit Peter Kümmel, innerhalb von: Kümmel, Peter: Zwischen Wutwelten. In: ZEIT LITERATUR, Nr. 42, Oktober 2020, S. 14–15

---

[1] In der Literatur wird manchmal versucht, zwischen Webseite und Website zu unterscheiden und ggf. auch zu den Begriffen Web- bzw. Internetauftritt abzugrenzen (Jacobsen 2017, S. 3). Im Folgenden wird durchgängig der Begriff Webseite verwendet. Damit wird eine komplette, unter einer URL erreichbare Präsenz eines Unternehmens im World Wide Web bezeichnet. Es ist klar, dass diese aus Nutzersicht und technisch in der Regel aus mehreren Seiten und Unterseiten besteht. Wenn solche Einzelseiten und nicht die Summe aller Seiten gemeint sind, wird dies entsprechend im Text deutlich werden.

ARD/ZDF (2020): Key Facts der ARD/ZDF-Onlinestudie. Online verfügbar unter: https://www.ard-zdf-onlinestudie.de/ardzdf-onlinestudie/infografik/; zuletzt geprüft am 17.20.2020

Battermann, Dorit (1997): Handwerker handeln im Markt. Grundlagen eines handwerksspezifischen Marketing. Frankfurt am Main

Bernsau, Klaus (2019): Sie Finden unser Angebot auch im Internet!? Analyse der Webpräsenz des Wiesbadener Handwerks, Wiesbaden

Blume, Tim et al. (2020): Gen Z is Talking. Are you Listening? #3 of PwC Europe Consumer Insights Series. o.O.: PwC. Online verfügbar unter: https://www.pwc.de/de/handel-und-konsumguter/gen-z-is-talking-are-you-listening.pdf; zuletzt geprüft am 17.20.2020

Ethority [o. V.] 2018: Das Social Media Prisma 2017/2018, Los Angeles CA u. a.: ethority. Online verfügbar unter: https://ethority.de/social-media-prisma/, zuletzt geprüft am 28.12.2020. Creative Common Lizenz CC BY-SA

Franck, Georg (1998): Ökonomie der Aufmerksamkeit, München

Frees, Beate; Koch, Wolfgang (2018): ARD/ZDF-Onlinestudie 2018: Zuwachs bei medialer Internetnutzung und Kommunikation. In: Media Perspektiven (09/2018), S. 398–413. Online verfügbar unter: https://www.ard-zdf-onlinestudie.de/files/2018/0918_Frees_K och.pdf; zuletzt geprüft am 17.10.2020.

Graber, Thomas (2015): Erfolgsstrategien im Handwerk. Wie Unternehmer die Zukunft gewinnbringend gestalten. 1. Auflage. Bad Wörishofen

Heintze, Roland (2018): Ich sag Dir, was Du kaufst – im Web 2.0, Hamburg: Faktenkontor. Online verfügbar unter: https://www.faktenkontor.de/corporate-social-media-blog-reputa tionzweinull/ich-sag-dir-was-du-kaufst-im-web-2-0/; zuletzt geprüft am 17.20.2020

Jacobsen, Jens (2017): Website-Konzeption. Erfolgreiche und nutzerfreundliche Websites planen, umsetzen und betreiben. 8. Auflage. Heidelberg

Janson, Matthias (2020): Das passiert im Internet in einer Minute, Hamburg: statista.com. Online verfügbar unter: https://de.statista.com/infografik/2425/das-passiert-in-einer-min ute-im-internet/; zuletzt geprüft am 28.12.2020; Creative Common Lizenz CC BY-ND

Keese, Christoph (2017): Plattformen revolutionieren die Wirtschaft, in: Welt.de, 21.6.2017. Online verfügbar unter: https://www.welt.de/sonderthemen/noahberlin/article165701404/ Plattformen-revolutionieren-die-Wirtschaft.html, zuletzt geprüft am 23.01.2021

Lammenett, Erwin (2015): Praxiswissen Online-Marketing. Affiliate- und E-Mail-Marketing, uchmaschinenmarketing, Online-Werbung, Social Media, Online-PR. Wiesbaden

Lemke, Claudia; Brenner, Walter (2015): Einführung in die Wirtschaftsinformatik. Band 1: Verstehen des digitalen Zeitalters. Berlin

Lindstrom, Martin (2009): Buyology. Warum wir kaufen, was wir kaufen, Frankfurt am Main

Maslow, Abraham H. (2010): Motivation und Persönlichkeit, 12. Auflage. Reinbek bei Hamburg

Ministerium für Wirtschaft, Innovation, Digitalisierung und Energie des Landes Nordrhein-Westfalen (2020): Plattform-Ökonomie. Online verfügbar unter https://www.wirtschaft. nrw/plattform-oekonomie, zuletzt geprüft am 15.07.2020

Mohr, Lukas; Thiesen, Corinna (2019): Aufmerksamkeit im digitalen Zeitalter, in: Marketing Review St. Gallen 2/2019, S. 68–75

Mosler, Jörg (2016): Glücksschmiede Handwerk. Erfolg wird aus Leidenschaft gemacht. Wiesbaden

Parker, Geoffrey; Choudary, Sangeet Paul; Van Alstyne, Marshall (2017): Die Plattform-Revolution. Von Airbnb, Uber, PayPal und Co. lernen. Wie neue Plattform-Gesellschäftsmodelle die Wirtschaft verändern. Methoden und Strategien für Unternehmen und Start-ups. Frechen

Pätzold, Martin (2019): Neue Wettbewerbspolitik im 21. Jahrhundert. Zehn Thesen zur digitalen Wirtschaft. Wiesbaden

Porter, Michael E. (1986): Wettbewerbsvorteile. Spitzenleistungen erreichen und behaupten, Frankfurt am Main

statista.de [o.V] (2020): Umsatz durch E-Commerce (B2C) in Deutschland in den Jahren1999 bis 2019, Hamburg: statista.de. Online verfügbar unter: https://de.statista.com/statistik/daten/studie/3979/umfrage/e-commerce-umsatz-in-deutschland-seit-1999/; zuletzt geprüft am 17.20.2020

Scheier, Christian; Held, Dirk (2006): Wie Werbung wirkt. Erkenntnisse des Neuromarketing, Planegg

Strelecky, John P. (2011): The big five for life. Was wirklich zählt im Leben, 7. Auflage. München

Wöhe, Günter; Döring, Ulrich (2005): Einführung in die Allgemeine Betriebswirtschaftslehre, 22. Neubearbeitete Auflage. München

Wirtz, Bernd W. (2018): Electronic Business. 6., aktualisierte und erweiterte Auflage. Wiesbaden

Neue umfassende Qualitätskriterien für Ihr Webseiten-Management

2

2.1 Entwicklung von umfassenden Qualitätskriterien für KMU-Webseiten

Damit stellt sich die drängende Frage, was die Qualitätsmerkmale einer guten Webseite sind und wie man diese Qualitätsmerkmale erheben, bewerten und managen kann. Die Antwort auf diese Frage ist keinesfalls trivial. Und sie ist überraschenderweise bis jetzt noch nie umfassend beantwortet worden.

Es konkurrieren verschiedene Ansätze darüber, woran Webseitenqualität festgemacht werden kann. Sehr prominent ist aktuell der SEO-Ansatz, d. h. eine gute Webseite ist die, die gut bei den Suchmaschinen, hauptsächlich Google, performt. „Das Ziel dahinter ist klar: Durch bessere Positionen in Google & Co. erhalten Sie mehr Website-Besucher und somit potenziell mehr Neukunden". (Sens 2018, S. 1) Dem kann man den Usability- und UX-Ansatz entgegensetzen. Dieser betont, eine gute Webseite ist die, die ihre Nutzer zufriedenstellt und noch darüber hinaus geht und sie „positive Gefühle wie Spaß oder Freude bei der Benutzung erleben" lässt (Jacobsen und Meyer 2017, S. 34). Daneben existiert die Auffassung, dass es von gestalterischer und technischer Seite „Prinzipien des modernen Webdesigns" (Hahn 2017, S. 23) gibt, „denen niemand widerstehen kann" (Ippen 2016, S. 11) und anhand derer sich die Webseitenqualität bestimmen lässt. Entsprechend gehen die Meinungen über den richtigen Erhebungspunkt auseinander: es können Nutzer befragt bzw. beobachtet werden oder es werden Experten interviewt, oder es werden objektiv, gerne technisch-automatisch, messbare Qualitätsindikatoren postuliert (Jacobsen und Meyer 2017, S. 177, 213, 231). Daraus entsteht das in Abb. 2.1 dargestellte Spektrum der Herangehensweisen an Webseitenqualität. Wobei keineswegs ein bestimmter Qualitätsansatz eindeutig mit einer bestimmten

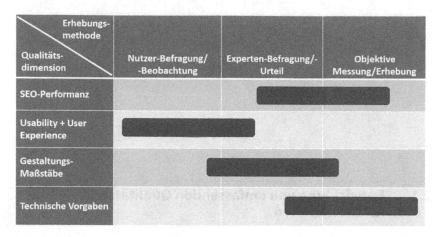

Qualitäts-dimension \ Erhebungs-methode	Nutzer-Befragung/ -Beobachtung	Experten-Befragung/- Urteil	Objektive Messung/Erhebung
SEO-Performanz		███	
Usability + User Experience	███		
Gestaltungs-Maßstäbe		███	
Technische Vorgaben			███

Abb. 2.1 Dimensionen und Erhebungsquellen von Webseitenqualität. (Quelle: Eigene Darstellung)

Erhebungsmethode verknüpft ist, es ergeben sich aber nach dem umfangreichen Literaturstudium die in der Abb. 2.1 dargestellten Vorlieben.

Interessant ist auch, dass das Thema Webseitenqualität schon länger in der wissenschaftlichen Literatur diskutiert wird (Chen et al. 2005), aber sich bis heute kein eindeutiger Ansatz durchgesetzt zu haben scheint (Rasool und Warraich 2018). Zentrale Lehrbücher referenzieren ebenfalls nicht auf eine allgemein akzeptierte Herangehensweise zur Ermittlung von Webseitenqualität (Hahn 2017, S. 71). Zwar existiert eine ISO-Norm zur Qualität von Webseiten, DIN ISO 9241-110 (Jacobsen und Meyer 2017, S. 61 f.). Diese fordert:

- Aufgabenangemessenheit
- Selbstbeschreibung
- Steuerbarkeit
- Erwartungskonformität
- Fehlertoleranz
- Individualisierbarkeit
- Lernförderlichkeit

Allerdings wird dies explizit auf individuelle Nutzer und Situationen bezogen, d. h. diese ISO-Norm ist nicht ohne weiteres als durchgängiges Analysekriterium nutzbar. Im Rahmen einer umfangreichen Forschungsarbeit zu Qualitätskriterien von Webseiten konnte bestätigt werden, dass es keinen umfassenden, durchgängigen und allgemein akzeptierten Ansatz zu Qualitätsmessung und -management von Webseiten gibt (Bernsau 2019, S. 19 ff.).

Die Vorgehensweise, wie man bei dieser Ausgangslage die Qualität eines Webauftritts eines kleinen KMUs erfasst und sie systematisch pflegen und entwickeln kann, wurde durch den Autor entwickelt. Das Ergebnis wird in diesem Essential erstmals einer breiten Öffentlichkeit vorgestellt. Zur Entwicklung der Kriterien sollten Sie vorab Folgendes wissen:

1. Für eine umfassende Sicht wurden ganz unterschiedliche Quellen miteinbezogen: Lehr- und Fachbücher, Ratgeber von fachkundigen Institutionen sowie alle frei verfügbaren wissenschaftlichen Studien zum Suchbegriff „Website Quality" der Literatur-Datenbank der weltweit anerkannten Association for Computing Machinery (https://dl.acm.org). Abschließend wurde die populäre Fachpresse überblicksartig betrachtet und zur Reflektion der Ergebnisse genutzt.
2. Es wurden insgesamt über 50 Werke mit weit über 7000 Seiten aus den verschiedenen Bereichen detailliert ausgewertet.
3. In einem mehrstufigen Verfahren, das zudem zusätzlich von Forschern und Lehrenden der Hochschule Rhein-Main kritisch begleitet wurde, ergaben sich letztlich 9 Qualitätskriterien, die mit je 4 Indikatoren erhoben werden können.

Weitere Details der Kriterienerarbeitung sind bei Interesse in Bernsau (2019, S. 19 ff.) ausführlich beschrieben. Mitnehmen sollten Sie an dieser Stelle:

- Ihre Webseite ist das Zusammenspiel vieler Faktoren.
- Seien Sie auf der Hut, wenn man Ihnen einen einzelnen Faktor oder ein darauf basierendes Tool als die Wunderwaffe für Ihren Erfolg im Internet verkaufen will.
- Die im nächsten Abschnitt vorgestellten Qualitätskriterien und ihre Anwendung sind neu, fundiert und verlässlich.

2.2   Die neun Qualitätskriterien für die praktische Arbeit an Ihrer Webseite

In diesem Kapitel werden nun die neun Qualitätskriterien einzeln vorgestellt. Zentral für jedes Qualitätskriterium sind die jeweils vier Indikatoren, mit denen die Bewertung für jedes Kriterium vorgenommen werden kann. So können Sie für jede Webseite mit ein wenig Sorgfalt für jedes Kriterium einen Wert zwischen 0 (kein Indikator erfüllt) und 4 (alle Indikatoren erfüllt) ermitteln. Die Vorstellung ist immer so aufgebaut, dass jeweils das Qualitätskriterium beschrieben und in seinem Zusammenhang mit anderen Aspekten der Webseitenqualität diskutiert wird. Daran schließt dann die Beschreibung der vier Indikatoren an und wie Sie diese Indikatoren ganz konkret messen können.

Die Indikatoren sind so entwickelt und beschrieben, dass Sie sie selber prüfen können und mit Hilfe dieser selber Hand an Ihre Webseite legen können. Sie sind aber auch so gedacht, dass Sie damit Dienstleister oder Mitarbeiter steuern können bzw. diesen einen ganzheitlichen Ansatz vorgeben können. Das Ganze ist überschaubar und praktisch gehalten, für kleine Unternehmen ohne IT-Abteilung und für Menschen ohne Informatik-, Design- oder Marketing-Studium. Trotzdem bietet es eine verlässliche Grundlage, die es bis jetzt weder im deutschen noch im englischen Sprachraum so gab. Mit diesen Kriterien wurde bereits eine empirische Untersuchung zur aktuellen Qualität der Webseiten im Handwerk durchgeführt. D. h. die Kriterien und vor allem ihre Indikatoren wurden schon einer handfesten praktischen Prüfung unterzogen.

Die Indikatoren sind so ausformuliert, dass sie leicht zu erheben sind und so, dass die Überprüfung so eindeutig wie möglich ausfällt. Die Indikatoren greifen manchmal typische Teilaspekte der Webseitenqualität heraus, die stellvertretend für eine ganze Gruppe von Teilaufgaben sind. Z. B. hat sich die Zahl der Rechtschreibfehler in einer Seite als guter Indikator für Pflegequalität der Seite herausgestellt. Sie sollten, wenn Sie an Ihrer Webseitenqualität arbeiten, immer die Intention des Kriteriums dahinter im Auge behalten und sich nicht selbst täuschen, indem Sie lediglich den einzelnen Indikator nachbessern, ohne am Qualitätsaspekt insgesamt zu arbeiten. D. h. mit dem reinen Beheben der Rechtschreibfehler springen Sie ggf. zu kurz. Daher werden Sie dazu bei den Indikatoren öfter einen entsprechenden Warnhinweis finden. Aber die ernüchternden Ergebnisse der empirischen Untersuchung von Handwerker-Webseiten machen klar, dass Sie, selbst wenn Sie erstmal nur buchstabengetreu die 9×4 Indikatoren erfüllen, schon extrem viel gewonnen haben und sich einen guten Vorsprung gegenüber den meisten Ihrer Wettbewerber erarbeiten werden.

Zu jedem Qualitätskriterium finden Sie einen Kasten, in dem die vier Indikatoren benannt sind und kurz beschrieben wird, wie die Indikatoren erhoben werden. Wenn Ihnen das schon reicht, können Sie gleich loslegen. Im Text gibt es genauere Erläuterungen, wie mit den Indikatoren umzugehen ist und vor allem eine Begründung und Herleitung der Indikatoren, was sicher zum tieferen Verständnis der Qualitätskriterien beiträgt.

2.2.1   Qualitätskriterium 1: Suchmaschinen-Optimierung

„Suchmaschinen-Optimierung" ist das von den Praktikern mit Abstand am häufigsten benannte Kriterium, aber auch in den Fach- und Lehrbüchern kommt es schon an zweiter Stelle. Interessanterweise spielt es in den wissenschaftlichen Papers zur Website Quality wiederum keine Rolle. Was aber an deren unterschiedlichen Perspektiven liegt. In der wissenschaftlichen Forschungsliteratur ist der Nutzerstandpunkt vorherrschend, für den ist es z. B. relativ irrelevant, ob eine Seite für Suchmaschinen optimiert wurde oder nicht. Dieses Essential hat mit seinen Qualitätskriterien stärker den Webseitenbetreiber im Blick.

Die Wichtigkeit der Nutzerperspektive soll hier keineswegs unberücksichtigt bleiben. Qualitätskriterien können sich überlappen bzw. gegenseitig beeinflussen. Das trifft auch auf „Suchmaschinen-Optimierung" zu, hier gibt es Überschneidungen zu Kriterien mit klarem Nutzerfokus wie „Gute Inhalte", „Zielgruppenorientierung" oder „Usability" und „Responsivität". So ist Responsivität, d. h. gute Darstellung auf Smartphones und Tablets inzwischen ein wichtiger Rankingfaktor der meisten Suchmaschinen. Mit „Performance" und „W3C-Konformität" sind zwei weitere Faktoren benannt, die bei vielen der am Markt verfügbaren Werkzeuge zur Suchmaschinen-Optimierung herangezogen werden (seo-nerd 2018; seo-summary.de 2018).

Da „Responsivität" heutzutage ein so wichtiger Punkt ist, wurde es ein eigenständiges Kriterium (siehe Abschn. 2.2.5). „Performance" und „W3C-Konformität" wurden hingegen der „Suchmaschinen-Optimierung" als Indikatoren zugeschlagen, da beide häufig von SEO-Tools als Indikatoren herangezogen werden, beide sich gut und nachvollziehbar ermitteln lassen und beide SEO-Faktoren darstellen, die Nutzer direkt positiv oder negativ erleben können.

Damit stehen schon zwei von vier Indikatoren für das Qualitätskriterium „Suchmaschinen-Optimierung" fest: **1.1 die Ladegeschwindigkeit der Seite** und **1.2 die W3C-Konformität des verwendeten Codes.** W3C steht für das World Wide Web Consortium, das die Standards für das Internet und damit auch für Webseiten festlegt (https://www.w3.org/).

Für die Erhebung bieten sich die Online-Werkzeuge: Pingdom (https://tools.pingdom.com/) für die Ladegeschwindigkeit und der offizielle W3C-Validator (https://validator.w3.org/nu/) an, bei denen nur die jeweilige Seite eingegeben werden muss. Es reicht in der Regel, die Startseiten zu bewerten. Diese sind gerade bzgl. Suchmaschinen das zentrale Einfallstor. Bei Pingdom wird eine Ladegeschwindigkeit der Startseite von 3s oder besser und ein Rating von A oder B erwartet. Dabei wird als Serverstandort Frankfurt ausgewählt. Beim W3C-Validator muss die Validierung überhaupt möglich sein und die Zahl der ermittelten, unterschiedlichen Fehler und Warnungen (auszuwählen über die Funktion „Message Filtering") muss für eine positive Bewertung weniger als 1 % der Anzahl der Codezeilen betragen. D. h. ein Fehler auf 100 Zeilen Code oder weniger ist gut. Manchmal scheitert die Validierung schon an falsch verwendeten Umlauten bzw. Zeichen-Codierungen. Aber dies ist auch ein Zeichen, dass dem Code nicht die notwendige Sorgfalt gewidmet wurde und nie ein Optimierungs-werkzeug genutzt wurde. Was dann konsequenterweise auch zu einer negativen Bewertung des Indikators führt.

Als **Indikator 1.3** wird ermittelt, ob die Webseite ein **Nutzer-Analyse-Tool, insbesondere Google-Analytics einsetzt.** Bei Ihrer eigenen Webseite sollten Sie wissen, ob Sie Google-Analytics oder ein anderes Analyse-Tool einsetzen. D. h. dieser Indikator ist schnell erledigt. Es wurde aber versprochen, dass Sie mit diesem Essential jede Webseite untersuchen können oder ggf. Ihren Dienstleister prüfen können.

Daher erfolgt zusätzlich die Beschreibung, auf welchen Wegen Sie den Einsatz von Google Analytics und anderen Tools prüfen können. Zuerst wird im Quellcode per Suche nach dem Analytics-ID-Präfix „ga('create', 'UA-" überprüft, ob Google Analytics eingesetzt wird. Wenn dies nicht erfolgreich ist, kann zur Sicherheit noch über die Chrome-Entwickler-Tools das Netzwerk-Verhalten nach Google Analytics untersucht (Google 2018) werden. Natürlich gibt es alternative Analyse-Werkzeuge, am zweithäufigsten wird unter Experten Piwik bzw. Matomo genannt (Fiege 2017). Der Einsatz von Matomo – als einfache Version von Piwik – wird aber nur geprüft, wenn eine Seite, die kein Google-Analytics einsetzt, durch andere Elemente so viel Professionalität und Aktualität zeigt, dass es plau-sibel erscheint, dass Matomo zum Einsatz kommen könnte. Ein klarer Hinweis ist z. B. die Erwähnung von Matomo/Piwik in der Datenschutzerklärung. Für weitere Kriterien kommt im Folgenden das Browser-Plugin SEO Quake (https://www.seoquake.com/index.html) zum Einsatz, dieses weist ebenfalls die Nutzung von Google Analytics aus, kann also als Quercheck genutzt werden.

Der **Indikator 1.4** greift die Thematik **Pflege von Metainformationen und Schlüsselworten** auf. Da die Frage, welche Schlüsselworte für eine Webseite und ein Unternehmen die richtigen sind, zu den komplexesten in der Suchmaschinen-Optimierung überhaupt gehört, wird für den Indikator nur überprüft, ob das Title-Tag und die Meta-Information „Description" überhaupt und dann pro Seite individuell gepflegt werden. Dies folgt der angesprochenen Idee, dass einzelne kleinere Elemente gut zur Beurteilung größerer Zusammenhänge genutzt werden können. D. h. wenn schon Title-Tag und Description nicht gepflegt werden, ist es naheliegend, dass die entsprechende Webseite dem Punkt suchmaschinenbe-zogener Optimierung von Inhalten noch keine große Bedeutung beimisst. Nur wenn beide Elemente pro Seite gepflegt werden, wird dieser Indikator positiv gewertet. Wie stellen Sie fest, ob diese beiden Elemente gepflegt sind? Nun, wenn Sie Ihre Seite selber pflegen und sich diese Frage stellen müssen, können Sie ziemlich sicher sein, dass diese Elemente wahrscheinlich nicht gepflegt sind. Aber wie geht die Überprüfung praktisch? Die gängigen Browser bieten mittels rechter Maustaste die Funktion „Seitenquelltext anzeigen“ an. In dieser für den Laien auf den ersten Blick leider verwirrenden Ansicht von HTML-Code suchen Sie den Eintrag: „<title>“ und den Eintrag „<meta name = "description" content = “ (Vgl. Abb. 2.2). Der Text, der jeweils dahinter kommt, beschreibt die Seite. Wenn Sie dies für verschiedene Unterseiten machen, sehen Sie, ob sie sich je Unterseite unterscheiden. Wofür Sie für eine gute Seitenbewertung sorgen müssen. Wenn Ihnen dies zu mühsam ist und Sie es öfter oder für viele Seiten durchführen müssen, können Sie auch das Plugin SeoQuak (https://www.seoquake.com/index.html) in Ihrem Browser installieren. Dieses zeigt dann pro Seite auf Knopfdruck auch „Titel“ und „Metabeschreibung“ an. Natürlich müssen Sie auch hierbei mehrere Seiten überprüfen.

Tab. 2.1 zeigt alle vier Indikatoren für das Kriterium „Suchmaschinen-

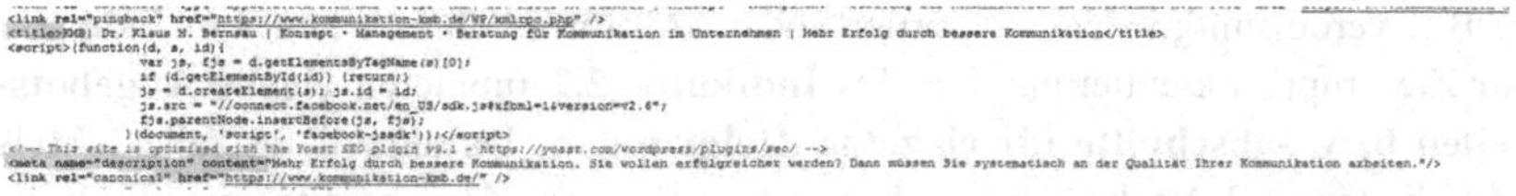

```
<link rel="pingback" href="https://www.kommunikation-kmb.de/WP/xmlrpc.php" />
<title>KMB| Dr. Klaus M. Bernsau | Konzept • Management • Beratung für Kommunikation im Unternehmen | Mehr Erfolg durch bessere Kommunikation</title>
<script>(function(d, s, id){
            var js, fjs = d.getElementsByTagName(s)[0];
            if (d.getElementById(id)) {return;}
            js = d.createElement(s); js.id = id;
            js.src = "//connect.facebook.net/en_US/sdk.js#xfbml=1&version=v2.6";
            fjs.parentNode.insertBefore(js, fjs);
          }(document, 'script', 'facebook-jssdk'));</script>
<!-- This site is optimized with the Yoast SEO plugin v9.1 - https://yoast.com/wordpress/plugins/seo/ -->
<meta name="description" content="Mehr Erfolg durch bessere Kommunikation. Sie wollen erfolgreicher werden? Dann müssen Sie systematisch an der Qualität Ihrer Kommunikation arbeiten."/>
<link rel="canonical" href="https://www.kommunikation-kmb.de/" />
```

Abb. 2.2 Title und Description im Seitenquelltext. (Quelle: Eigene Darstellung)

Tab. 2.1 Das Kriterium „Suchmaschinen-Optimierung“, eine Kurzbeschreibung, seine Indikatoren und deren Ermittlung. (Quelle: Eigene Darstellung)

Kriterium 1: Suchmaschinen-Optimierung	
Die Seite berücksichtigt Anforderungen aktueller Suchmaschinen insb. Google.	
Indikator	**Ermittlung – Bedingung für positive Bewertung**
1.1 Ladegeschwindigkeit	Bei Pingdom gleich oder unter 3 s und mindestens B-Rating.
1.2 W3C-Validierung	Code im W3C-Validator weniger als 1 % verschiedene Errors und Warnings bezogen auf die Zahl der Codezeilen.
1.3 Google Analytics	Google Analytics im Quellcode vorhanden – ggf. alternativ Matomo/Piwik im Quellcode.
1.4 Title und Description individuell	Title-Tag und Meta-Information"Description" seiten-individuell gepflegt.

Optimierung" und wie sie erhoben werden im Überblick.

2.2.2 Qualitätskriterium 2: Zielgruppenorientierung

Auch das Kriterium „Zielgruppenorientierung" ist erstmal aus Betreibersicht for-
muliert, denn den Nutzer interessiert fast ausschließlich, ob eine Webseite seine
Wünsche und Interessen befriedigt. Ob dies einer systematischen Zielgruppen-
analyse entspringt ist sekundär, manchmal wirkt das Gefühl in eine bestimmte
Zielgruppenschublade gesteckt zu werden sogar negativ. Trotzdem ist Zielgruppenorientierung ein zentrales Qualitätskriterium für Webseiten. Da diese eng mit der
Untersuchung und Berücksichtigung von Nutzerverhalten verbunden ist, wird das
in der Literatur häufig empfohlene „Nutzerverhalten auswerten" der Zielgruppenorientierung untergeordnet. Dies zu tun ist für Sie als Webseitenbetreiber sicher
ein guter Rat. Aber entscheidend ist immer das Ergebnis. Woran erkennt man nun
die „Zielgruppenorientierung" einer Webseite?

Als **Indikator 2.1** wird einfach festgestellt, ob **Zielgruppen auf der Webseite benannt werden,** insbesondere in zentralen Texten z. B. auf der Startseite,
in den typischen Leistungs- oder Über-Uns-Seiten. Adressiert ein Augenoptiker
z. B. „Vereinsmitglieder", „Sportler" oder „Motorradfahrer", liegt ein Indikator
für Zielgruppenorientierung vor. Als **Indikator 2.2** fungieren **eigene Angebots-
seiten bzw. -abschnitte für einzelne Zielgruppen.** Da aktuell fast alle KMUs
Mitarbeiter und Nachwuchs suchen, ist auch eine Karriereseite eine typische
Zielgruppenseite. Oder z. B. eine komplette Motorradfahrer-Unterseite bei einem
Optiker führt zu einer positiven Bewertung dieses Indikators. Kommen die Kunden selbst zu Wort in Form von **Testimonials, Referenzprojekten o. ä.** ist dies
der **Indikator 2.3** für Zielgruppenorientierung. Der **Indikator 2.4** ist ein **Aufbau
der Navigationsstruktur** oder zumindest wesentlicher Teile **nach einer Zielgrup-
penstruktur.** Wesentlich heißt, dass mindestens ein Hauptnavigationspunkt nach
Zielgruppen untergliedert sein muss. Die häufiger anzutreffende Trennung der
Navigation in Geschäfts- und Privatkunden wird dabei z. B. für Maler und Elektriker als denkbare Zielgruppen-Struktur akzeptiert. Bei Friseuren wäre dagegen
die reine Erwähnung von Damen- und Herrenschnitt noch keine Benennung von
Zielgruppen nach Indikator 2.1. Wenn der Frisör aber die Leistungen in eigenen Seiten weiter darstellt oder differenziert, erfüllt das den Indikators 2.2. Auch
ein reiner Herrenfriseur wäre eine vom Standard abweichende explizite Zielgruppenorientierung und -nennung nach Indikator 2.1. Ein reiner Leistungskatalog,
z. B. bei Frisören: Kurzhaarschnitt, Langhaarschnitt, Färben, Föhnen etc., wie

Tab. 2.2   Das Kriterium „Zielgruppenorientierung", eine Kurzbeschreibung, seine Indikatoren und deren Ermittlung. (Quelle: Eigene Darstellung)

Kriterium 2: Zielgruppenorientierung	
Die Seite wendet sich erkennbar differenziert an verschiedene Zielgruppen.	
Indikator	Ermittlung – Bedingung für positive Bewertung
2.1 Zielgruppen benannt	In zentralen Texten wie Leistungen oder Über Uns werden eindeutig Zielgruppen benannt.
2.2 Spezifische Angebote für Zielgruppen	Es gibt eigene Seiten oder Abschnitte mit Angeboten für Zielgruppen, hierzu zählen auch Karriereseiten.
Testimonials, Kundenportraits	Die Webseite zeigt mindestens 2 Kundenportraits oder Testimonials.
Navigation: Aufbau nach Zielgruppen	Mindestens ein Hauptnavigationspunkt ist nach Zielgruppen gegliedert – Privat- und Geschäftskunden wird positiv gewertet.

ihn viele Unternehmen auf ihren Webseiten zeigen, ist gerade keine Zielgruppenorientierung, sondern das Gegenteil. Es ist die Fokussierung auf die eigenen Kompetenzen und gerade nicht auf den Bedarf und den Nutzen, den die Kunden haben. Wenn, um den Frisör noch etwas zu strapazieren, dieser jetzt Neuschnitt und Pflege eines bestehenden Schnittes trennt und dabei genau unterschiedliche Vorgehensweisen auf eigenen Seiten beschreibt und nicht einfach nur zwei Preise nennt, wäre auch dies wieder eine Erfüllung von Indikator 2.2. Das Prinzip ist hoffentlich soweit klar geworden, dass Sie es auf Ihre Branche und Ihre Zielgruppen übertragen können. Gerade beim Thema Zielgruppe wird deutlich, dass es einen Unterschied zwischen einer formalen Erfüllung der Indikatoren und einem echten Verständnis der Qualitätsidee dahinter gibt und die Indikatoren nur die Richtung weisen können (Tab. 2.2).

2.2.3   Qualitätskriterium 3: Dialog mit Nutzern

Mit den Nutzern in direkten Austausch zu treten, wird spätestens seit dem sogenannten Web 2.0 von Webseiten-Gestaltern, Usability-Experten und Online-Marketern als wichtiges Qualitätskriterium gesehen. Es kam im Ranking der Literaturauswertung auf Platz vier. Das Kriterium hat sicher Überschneidungen mit der „Zielgruppenorientierung", aber auch mit der „Usability". Es sollen in Abgrenzung zu diesen beiden nur Aspekte darunterfallen, die Nutzer direkt adressieren bzw. Nutzer zu einer Reaktion auffordern, diese ermöglichen oder erleichtern.

Als **Indikator 3.1** wird festgehalten, ob die Seite **passive Kontaktangebote** macht, also z. B. Telefonnummer, Adresse oder E-Mail-Adresse nennt. Wobei die Pflichtangaben im Impressum oder der Datenschutzerklärung nicht gewertet werden. Eine typische Kontaktseite oder eine andere prominente Darstellung der Kontaktinformationen sind hier die Minimalanforderung. Die nächste Stufe, damit **Indikator 3.2**, sind **aktive Kontaktangebote,** d. h. die Möglichkeit, direkt auf der Seite in den Dialog zu kommen, z. B. über ein Kontaktformular, eine Kommentarfunktion, einen Fragebogen oder gar einen Chat. Dass ein Klick auf eine E-Mail-Nennung in der Regel das E-Mail-Programm auf dem Nutzerrechner öffnet, kann nicht schon als aktive Kontaktmöglichkeit gewertet werden. Bei passiven und aktiven Kontaktangeboten müssen mindestens je zwei verschiedene Kanäle angeboten werden, damit der Indikator positiv bewertet wird.

Als weiteres wurde das insgesamt in der Literatur noch schwach bewertete Kriterium „**Social-Media-Integration**" als **Indikator 3.3** für Kundendialog integriert. Wenn eine Seite Social-Media-Teilen-Funktionen ausweist, oder wenn auf bestehende Social-Media-Auftritte des Unternehmens per Social-Media-Icon oder -Link hingewiesen wird, oder gar eigene Social-Media-Inhalte direkt auf der Seite eingebunden sind, wird der Social-Media-Indikator positiv bewertet.

Der **Indikator 3.4** ist vielleicht auf den ersten Blick überraschend: die oft als eigenes Qualitätskriterium genannte positive „User Experience" wird als **erlebbarer Aha-Effekt** dem Dialog mit Nutzern untergeordnet. Da „User Experience […] den gesamten Prozess des Erlebens eines Nutzers [erfasst]" (Jacobsen und Meyer 2017, S. 35), gerade „auch positive Gefühle wie Spaß oder Freude bei der Benutzung" (Jacobsen und Meyer 2017, S. 34), schien es sinnvoll, die „User Experience" bewusst von der einfachen „Usability" zu trennen. Auf der anderen Seite ist sie doch zu komplex und zu subjektiv, um sie analog der anderen Kriterien aufzubauen und zu operationalisieren. Sie als Indikator zu nutzen, ist ein gut gangbarer Kompromiss. User Experience bzw. erlebbarer Aha-Effekt wird als Indikator genau dann positiv gewertet, wenn die Seite überraschende, emotionale, unterhaltsame Funktionen oder Inhalte liefert, die über das Erwartbare und Übliche hinausgehen und so die Nutzer stimulieren. Zugegebenermaßen ist dieser Indikator damit der erste etwas weichere und stärker von den Nutzervorerlebnissen und dem Umfeld, mit dem die Seite verglichen wird, abhängig. Aber im Kontext der empirischen Untersuchung der Handwerker-Seiten hat sich der Indikator als sehr praktikabel erwiesen. Hier waren z. B. schon auffällige und gelungene Animationen, besondere Bildinhalte, kreative Angebote o. ä. für die Nutzer klar als besonderes Nutzererleben erkennbar. Daher ist davon auszugehen, dass sich dies im gesamten KMU-Umfeld entsprechend gut anwenden lässt (Tab. 2.3).

Tab. 2.3 Das Kriterium „Dialog mit Nutzern", eine Kurzbeschreibung, seine Indikatoren und deren Ermittlung. (Quelle: Eigene Darstellung)

Kriterium 3: Dialog mit Nutzern	
Die Seite fördert und fordert die direkte Kommunikation mit Nutzern.	
Indikator	Ermittlung – Bedingung für positive Bewertung
3.1 Kontaktangebote passiv	Es werden min. 2 Möglichkeiten benannt, mit denen Nutzer den Kontakt aufnehmen können, z. B. Telefon und Adresse. Wobei die Pflichtinfos des Impressums nicht gewertet werden.
3.2 Kontaktangebote aktiv	Es bestehen min. 2 Möglichkeiten direkt auf der Seite mit dem Unternehmen in Kontakt zu treten, z. B. Kontaktformular, Kommentarfunktion oder Fragebogen. Die E-Mail-Nennung gilt als passives Angebot.
3.3 Social-Media-Integration	Social-Media-Teilen-Funktion oder ein Hinweis auf eigene Social-Media-Angebote oder Inhalte sind vorhanden.
3.4 Erlebbarer Aha-Effekt	Ein unerwartetes Angebot, Erlebnis, Element oder Funktion im Sinne der "User Experience" befindet sich auf der Seite.

2.2.4 Qualitätskriterium 4: Usability

„Usability" wird oft fälschlicherweise synonym mit Webseitenqualität verwendet. Eine Webseite muss erst gut gefunden werden („Suchmaschinen-Optimierung") und dann gut funktionieren. Aber so einfach ist ganzheitliche Webseitenqualität nicht. Wie aber die Vielzahl der Usability-Anforderungen auf vier und dann noch leicht erhebbare Indikatoren herunterbrechen? Erstmal wird „Usability" mit einem Qualitätskriterium zusammengeführt, das in der Literatur noch häufiger genannt wurde: „Strukturierte Inhalte". Diese Zusammenlegung der im Literatur-Ranking auf Platz drei und fünf stehenden Kriterien scheint auf den ersten Blick überraschend. Aber wenn man die strukturierten Inhalte von thematisch-inhaltlichen Aspekten befreit, für die es später noch die „Guten Inhalte" gibt, wird deutlich, dass strukturierte Inhalte eigentlich nur die Betonung eines bestimmten Aspektes der „Usability" bedeutet, den einer nachvollziehbaren Navigation und Navigationsstruktur.

Daraus ergibt sich als **Indikator 4.1 eine überschaubare und nachvollziehbare Navigation.** Diese setze sich aus zwei Teilen zusammen. Erstens hat die Navigation nur sieben oder weniger Elemente in der obersten Ebene. Warum gerade sieben Elemente? Die Zahl Sieben als natürliche Grenze, wie viele Elemente Menschen problemlos verarbeiten können, entstammt der häufig zitierten Millerschen Regel (z. B. Hahn 2017, S. 194). Bei der Zählung werden alle Elemente gezählt, die auf den ersten Blick in der Navigation sichtbar sind. Auch die Elemente der lange Zeit populären zusätzlichen Seitennavigation werden mitgezählt, wenn diese ohne zusätzliche Nutzeraktion sichtbar sind. Wenn die Elemente, die in der ersten Ebene sichtbar sind, je nach aufgerufener Seite variieren, was gerade bei der Seitennavigation populär war, wird diese Navigation nicht als überschaubar gewertet. Denn dieser Wechsel der Navigationspunkte erschwert den Überblick für den Nutzer deutlich. Zusätzlich wird für den ersten Indikator geprüft, ob der Baum, der sich hinter der Navigation verbirgt, ausgewogen ist. Als unausgewogen soll ein Baum gelten, wenn ein Hauptnavigationspunkt mehr Unterpunkte enthält als die restliche Webseite zusammen. D. h. mehr als 50 % der Unterseiten befinden sich unter einem Navigationspunkt.

Der **Indikator 4.2** bezieht sich ebenfalls auf die Navigation durch die Seite. Es wird positiv bewertet, wenn die Seite **mindestens zwei typische Navigationshilfen aufweist**, z. B. einen Breadcrumb- oder Where-am-I-Pfad, eine Markierung der gerade besuchten Seite oder ein Logo oben links, mit dem man immer zur Startseite zurückkommt.

Der Usability werden als Indikator noch zwei weitere Faktoren zugeordnet, die im unteren Bereich der Kriterienrangliste aus der Literatur-Recherche gelandet sind: die „Barrierefreiheit" und die „Gute Typographie". Bei beiden geht es um die einfache Nutzbarkeit der Inhalte. Beim **Indikator 4.3 „Gute Typographie"** wird ermittelt, ob die Lesbarkeit der Schrift gut ist, d. h. die Schriftgröße in der Starteinstellung sollte mindestens 16 Pixel betragen (z. B. Hahn 2017, S. 483), zudem muss der Kontrast von Schriftfarbe und Hintergrund stark genug sein. In der praktischen Analyse kann man aus Zeitgründen dem optischen Eindruck für den Großteil der Texte vertrauen. Leider kann man aus praktischer Erfahrung sagen, dass Designer aus ästhetischen Gründen zu einem deutlich zu schwachen Kontrast von z. B. dunkelgrauer Schrift auf hellgrauen Fond neigen. Wenn Sie es genau wissen wollen: die Web Content Accessibility Guidelines definieren den Kontrast technisch präzise mit dem Farbverhältnis von Vorder- zu Hintergrund (WCAG 2008), und dieser muss mindesten 4,5 zu 1 betragen. Zusätzlich ist es für den Indikator „Gute Typographie" notwendig, dass die Schrift sich mindestens per Browser und Tastatur durch den Nutzer vergrößern lässt. Eine eigene Funktion zur Vergrößerung der Schrift, wie sie härtere Kriterien der Barrierefreiheit (www.bundesfachstelle-barrierefreiheit.de) erfordern, soll für diesen Indikator gar nicht verlangt werden.

Der **Indikator 4.4** verlangt nach **Alt-Texten zu Bildern,** die es ermöglichen, den Inhalt der Bilder durch Software z. B. durch Vorlesefunktionen zu erfassen. Hier wird verlangt, dass mindestens 75 % aller Bilder einen inhaltlichen Alt-Text besitzen, d. h. Texte, die den Bildinhalt beschreiben. Technische Infos, reine Dateibezeichnungen wie „Kamera Minolta" oder „IMG805" sind nicht

Tab. 2.4 Das Kriterium „Usability", eine Kurzbeschreibung, seine Indikatoren und deren Ermittlung. (Quelle: Eigene Darstellung)

Kriterium 4: Usability	
Die Seite erleichtert ihren Besuchern die Benutzung.	
Indikator	**Ermittlung – Bedingung für positive Bewertung**
4.1 Überschaubare Navigation	Es sind höchstens 7 Navigationspunkte in der Haupt- und Seitennavigation und der Navigationsbaum ist ausgewogen (weniger als 50 % aller Seiten in einem Ast).
4.2 Navigationshilfen	Es werden mindestens 2 Navigationshilfen wie Breadcrumb-Pfad oder Navigationsmarkierungen etc. angeboten.
4.3 Gute Typographie	Schriftgröße im Bodytext ist mindestens 16 px und der Kontrast zum Hintergrund ist ausreichend, ferner kann die Schrift leicht vergrößert werden.
4.4 Alt-Texte an Bildern	Mindestens 75 % aller Bilder besitzen aussagekräftige Alt-Texte.

ausreichend zur Erfüllung des Indikators. Die Alt-Texte sind nicht nur für die Barrierefreiheit von Belang, sondern fungieren zugleich als genereller Indikator für die Pflegesorgfalt in Sachen „Usability". Ganz nebenbei haben sie noch einen positiven Effekt auf die Erfassung der Bildinhalte durch Suchmaschinen (Tab. 2.4).

2.2.5   Qualitätskriterium 5: Responsivität

Dass die Nutzung von Online-Angeboten über mobile Endgeräte inzwischen eine enorme Bedeutung hat, muss nicht weiter begründet werden. Dementsprechend war das Thema „Responsivität" einer Webseite gerade bei Praktiker-Tipps von hoher Wichtigkeit. **Indikator 5.1** ist daher die **technische Anpassung der Webseiten-Inhalte an veränderte, verkleinerte Bildschirmgrößen,** vor allem ob die Inhalte ohne Zoom und Scrollbalken in der Horizontale nutzbar bleiben. Ein Scrollen bzw. Wischen in der Vertikalen ist hingegen eine akzeptierte Nutzungsform gerade auf Smartphones. Dieser Indikator wird einfach mittels Desktop-Browser durch Verkleinerung des Fensters geprüft. Behalten die Inhalte auch bei einem Fenster von 300 Pixel Breite eine erkennbare Größe und bleibt der Scrollbalken aus? Dann ist der Indikator erfüllt.

Aber die Ansicht auf dem Desktop-Bildschirm ist oft nur die halbe Wahrheit, darum werden die drei weiteren Indikatoren direkt am Smartphone überprüft. **Indikator 5.2** ist, ob die Seite insbesondere **die Navigation am Smartphone**

nutzbar bleibt. Wobei auch die Seiten, die bei Indikator eins durchgefallen sind, nochmal aufgerufen werden, da die reale Darstellung am Smartphone abweichen kann. Allerdings wird der Wert von Indikator eins nicht abgeändert, wenn sich an einem Smartphone zufälligerweise eine bessere Darstellung zeigt. Z. B., wenn die Responsivität nicht durch die Bildschirmbreite, sondern andere Media Queries ausgelöst wird (Ertel und Laborenz 2017, S. 72 f.), schließlich gibt es eine Vielzahl weiterer Betrachtungsgeräte.

Danach werden zwei einfache, reale Aufgaben, die typischen mobilen Nutzungssituationen entsprechen, am Smartphone versucht. **Indikator 5.3** prüft, ob nach Aufruf der Seite **in drei oder weniger Aktionen die Adresse gefunden werden kann.** Wobei eine Adresse im Impressum wie bei den Kontaktangeboten auch hier nicht als befriedigende Lösung akzeptiert wird. Der Indikator schlägt auch dann fehl, wenn man über die Navigation z. B. über „Kontakt" an einen Punkt geführt wird, wo man eine Adresse vermuten kann, aber keine findet. Selbst wenn sich über einen anderen Weg eine Adresse in drei Aktionen finden ließe. Denn der Nutzer wird hier über den Hinweis Kontakt in die Irre geführt.

Indikator 5.4 prüft, ob ebenfalls in **drei oder weniger Aktionen das Unternehmen angerufen werden kann,** wobei dazu gehört, dass die **Telefonnummer angeklickt werden kann,** um den Anruf auszulösen, d. h. die Telefonnummer muss nicht in die Telefonfunktion des Smartphones kopiert werden. Dies ist eine Anforderung für alle gängigen Smartphones also moderne Android- und Apple-IOS-Geräte. Bei den Indikatoren 5.3 und 5.4 wird nicht responsiven Seiten mit gutem Willen begegnet, d. h. Zoomen und Schieben zählen zwar als einzelne Aktionen, aber wenn so die Adresse oder Telefonnummer sicht- bzw. nutzbar wird, gilt der Indikator als erfüllt (Tab. 2.5).

2.2.6 Qualitätskriterium 6: Eigene Positionierung

Eine eigene Positionierung und Strategie ist nach der Identifikation und Ansprache seiner Zielgruppen die zweite wichtige (Online-)Marketing-Aufgabe, die auch KMUs erfüllen müssen. Aber woran macht man das fest? Wenn man davon ausgeht, dass es z. B. für Handwerker – anders als vielleicht für spezialisierte Industriebetriebe oder andere Dienstleister – noch keine große Schwierigkeit ist, die Kernleistung zu vermitteln, also Optiker, Friseur, Maler oder Elektriker, ist der erste wichtige Schritt hin zur Positionierung, und damit **Indikator 6.1,** dass **unternehmensspezifische Inhalte auf der eigenen Webseite** präsentiert werden. Das kann eine Über-Uns-Seite, eine Teamvorstellung, eine Firmengeschichte, die Biografie des Inhabers und vieles mehr sein. Es muss aber etwas sein, was nicht

Tab. 2.5 Das Kriterium „Responsivität", eine Kurzbeschreibung, seine Indikatoren und deren Ermittlung. (Quelle: Eigene Darstellung)

Kriterium 5: Responsivität	
Die Seite unterstützt eine Nutzung per Smartphone.	
Indikator	Ermittlung – Bedingung für positive Bewertung
5.1 Anpassung der Inhalte an Bildschirm	Die Inhalte passen sich an kleiner werdende Browserfenster an: kein horizontaler Scrollbalken, kein Zoomen notwendig.
5.2 Nutzbarkeit per Smartphone	Die Seite, insbesondere ihre Navigation, ist am Smartphone wirklich nutzbar.
5.3 Adresse mit ≤ 3 Aktionen	Die Adresse ist mit drei oder weniger Aktionen findbar.
5.4 Anruf mit ≤ 3 Aktionen	Ein Anruf ist in drei oder weniger Aktionen machbar ohne Kopieren der Telefonnummer – Test mit gängigem aktuellen Smartphone.

standardmäßig in vorgefertigten Seiten, wie sie 1&1, Strato, Wix oder Jimdo liefern, als Inhalt schon enthalten ist oder sein könnte. Der **Indikator 6.2** schließt unmittelbar daran an, nämlich, ob **diese spezifischen Inhalte schon auf der Startseite präsent sind,** d. h. mindestens mit einem Inhaltsabsatz mit Verlinkung (Tab. 2.6).

Der **Indikator 6.3** entstammt direkt dem Marketing: zeigt das **Unternehmen ein Logo und einen Claim,** also eine kurze Aussage zu Werten oder Leistungen des Unternehmens (Samland 2008, S. 114)? Der **Indikator 6.4** ermittelt, ob das Unternehmen auf der Webseite **differenzierende Angebote präsentiert,** also

Tab. 2.6 Das Kriterium „Eigene Positionierung", eine Kurzbeschreibung, seine Indikatoren und deren Ermittlung. (Quelle: Eigene Darstellung)

Kriterium 6: Eigene Positionierung	
Die Seite zeigt unternehmensspezifische, differenzierende Inhalte.	
Indikator	Ermittlung – Bedingung für positive Bewertung
6.1 Unternehmensspezifische Inhalte vorhanden	Die Webseite zeigt spezifische Inhalte zum Unternehmen, insbesondere Seiten oder Abschnitte wie "Über uns", "Team", "Historie" etc.
6.2 Unternehmensspezifische Inhalte auf der Startseite	Diese spezifischen Inhalte sind auf der Startseite verfügbar, zumindest als Absatz mit Verlinkung.
6.3 Logo + Claim	Die Webseite, das Unternehmen hat Logo und Claim.
6.4 Differenzierende Angebote	Mindestens ein Angebot ist genauer dargestellt, das die Hauptwettbewerber nicht haben.

mindestens ein genau beschriebenes Angebot, das sich so nicht bei Hauptwettbewerbern findet. Die Abgrenzung des Wettbewerbsumfeldes muss spezifisch je KMU vorgenommen werden. Bei nur einer Handvoll zu betrachtenden Wettbewerbern, wie es für die meisten KMUs die Regel sein sollte, ist der Indikator so sehr praktikabel.

2.2.7   Qualitätskriterium 7: Datenschutz

Das Thema „Datenschutz" wird von den Praktikern spätestens seit der Einführung der DSGVO (Solmecke und Kocatepe 2018) als äußerst wichtig erachtet. Aber welche Indikatoren sind zentral für die Umsetzung des Datenschutzes auf einer Webseite? **Indikator 7.1** ist die **Existenz** einer eigenen und von jeder Seite aus erreichbaren **Datenschutzseite**. Im Rahmen der Betrachtungen zur Webseitenqualität kommt es auf die konkrete Ausformulierung nicht an, sofern erkennbar alle notwendigen Individualisierungen vorgenommen wurden. Unternehmenspraktisch können Nachlässigkeiten in der Ausgestaltung der Datenschutzerklärung lästige und kostspielige Konsequenzen wie Abmahnungen oder Bußgelder der Datenschutzbehörde nach sich ziehen. Sicherlich ist die reine Existenz einer Datenschutzseite einer der Indikatoren, die mit generell steigender Webseitenqualität in ein, zwei Jahren geprüft und ggf. verschärft werden muss. Aber die aktuellen empirischen Ergebnisse zeigen, dass diese Operationalisierung zurzeit noch anspruchsvoll genug ist.

   Indikator 7.2 ist die **Nutzung eines SSL-Zertifikats** und zwar so, dass die Seite immer über https aufgerufen wird. Dieses ist zwar nach dem Wortlaut der DSGVO nicht zwingend erforderlich, wenn eine Webseite gar keine persönlichen Daten übermittelt (Pettauer 2018). Aber die aktuellen Browser warnen bereits, unabhängig davon, standardmäßig vor nicht unter https laufenden Seiten.

   Als **Indikator 7.3** fungieren weitere zentrale **Details der Umsetzung der DSGVO:** a) ob per Pop-Up auf den Einsatz von Cookies hingewiesen wird und b) ob bei Kontaktformularen explizit die Einwilligung zur Speicherung der persönlichen Daten abgefragt wird. Der **Indikator 7.4** bezieht sich auf den korrekten Einsatz von Analyse-Software wie Google Analytics. Diese darf nur anonymisierte IP-Adressen übertragen und muss sich über die Webseite ganz deaktivieren lassen (Pettauer 2018). Ob diese Einstellungen vorgenommen wurden, sollten Sie als Betreiber – oder zumindest Ihr Dienstleister – wissen. Generell kann das von außen über einen Hinweis in der Datenschutzerklärung und im Code geprüft werden. Soweit erkennbar war, dass Google Analytics oder verwandte

Tab. 2.7 Das Kriterium „Datenschutz", eine Kurzbeschreibung, seine Indikatoren und deren Ermittlung. (Quelle: Eigene Darstellung)

Kriterium 7: Datenschutz	
Die Seite setzt die aktuelle DSGVO um.	
Indikator	Ermittlung – Bedingung für positive Bewertung
7.1 Datenschutzseite	Eigene Datenschutzseite ist vorhanden, von überall erreichbar und enthält keine offensichtlichen Fehler.
7.2 SSL-Verschlüsselung	Die Seite ist über https erreichbar und wird immer über https aufgerufen.
7.3 Cookie-Pop-Up sowie Kontakteinwilligung	Die Webseite zeigt per Pop-Up die Nutzung von Cookies an oder nutzt keine Cookies und im Kontaktformular muss der Datenspeicherung explizit zugestimmt werden.
7.4 Google Analytics o. ä. DSGVO-konform	Die IP wird anonymisiert übertragen und es gibt eine Opt-Out-Funktion zum Unterbinden von Google Analytics o. ä. Tools.

Werkzeuge eingesetzt werden, findet sich dort in der Regel auch der entsprechende Anonymisierungs- und Opt-Out-Code. Einfache, alte Webseiten haben durch die Indikatoren 7.3 und 7.4 ggf. einen Nachteil, wenn sie weder Cookies, Kontaktformular oder Google Analytics einsetzen. Da die Erwartungen aufgeklärter Nutzer aber davon ausgehen, dass diese Elemente vorhanden sein sollten, werden Seiten ohne Cookie-Pop-Up sowie ohne Hinweise zur Datenspeicherung und zu Analyse-Tools als unsicher eingestuft, obwohl dies nach den Vorgaben der DSGVO gar nicht notwendig wäre. Das Qualitätskriterium Datenschutz folgt da der Nutzererwartung. D. h. Seiten ohne Cookie-Pop-Up, ohne ordnungsgemäßes Kontaktformular und ohne korrekten Einsatz von Google Analytics können maximal zwei Punkte beim Kriterium Datenschutz erhalten (Tab. 2.7).

2.2.8 Qualitätskriterium 8: Gute Inhalte

Bei der Sichtung der Ergebnisse der Kriterien-Recherche entstand zuerst die Idee, „Gute Inhalte", „Visuelle" und „Textliche Inhalte" zusammenzulegen, um diesen Punkten, die überraschendweise in der Literatur gar nicht so häufig genannt wurden als wichtige Qualitätskriterien, mehr Gewicht zu verleihen. Dieser Ansatz wurde dann doch verworfen. Stattdessen werden Inhalte eher textlich definiert und die visuellen Inhalte, d. h. in der Regel Fotos, werden dem Qualitätskriterium „Gute Gestaltung" (s. Abschn. 2.2.9) zugeordnet. Hauptargument dafür ist, dass gerade Suchmaschinen Inhalt nach wie vor primär aus den Texten ermitteln

(Lewandowski 2015, S. 54 f.). Entsprechend werden hier die Faktoren „Gutes Texten", „Aktualität" und „Vernetzung/Verlinkung" integriert.

Der **Indikator 8.1** für die „Guten Inhalte" ist die „**Aktualität**", d. h. gibt es eindeutige Merkmale, die auf eine aktuelle Pflege der Webseite hinweisen. Typischerweise sind dies ein gepflegter Blog oder Veranstaltungstermine. Aber selbst ein Copyright, das auf das aktuelle Jahr gesetzt ist, gilt als Aktualitätskennzeichen. Fehlt ein klarer Hinweis darauf, dass die Webseite in den letzten drei Monaten inhaltlich gepflegt wurde, wird dieser Indikator negativ gewertet.

Die Menge des Textinhalts an sich ist immer noch ein Qualitätskriterium, auf das die Suchmaschinen, aber auch die Leser ansprechen – wenn die Struktur der Inhalte stimmt (z. B. Sens 2018, S. 23 f.). 300 Wörter werden als Standard für eine einzelne Unterseite gehandelt. Daraus folgt, dass als **Indikator 8.2** eine **Menge von mindestens 2000 Wörtern Text** für die gesamte Webseite des Unternehmens zur Erfüllung des Indikators angesetzt wird. Das entspricht ungefähr der Millerschen Zahl Sieben, für mindestens sieben gut erfassbare Unterseiten, multipliziert mit 300 Wörtern pro Seite. Dieser Wert muss jedoch ohne Impressum, Datenschutzerklärungen, AGBs, Kontakt oder ähnliche Inhalte erreicht werden. Zur schnellen und nachvollziehbaren Ermittlung kann man mit dem Browser-Plugin SEO Quake (Sens 2018, S. 24; https://www.seoquake.com/index.html) die Zahl aller Worte aus den Seiten ermitteln, die direkt aus der Hauptnavigation heraus erreichbar sind. Wobei man berücksichtigen muss, dass umfangreiche Footer oder wiederkehrende Seitenspalten die Gesamtanzahl der Wörter schnell positiv beeinflussen, sodass 2000 Wörter gut erreichbar und keinesfalls zu anspruchsvoll sind.

Da marketingfachliche Aspekte wie positionierende Inhalte und Zielgruppenansprache bereits unter den entsprechenden Qualitätskriterien untersucht werden, wird der Punkt „Gutes Texten" anhand des **Indikators 8.3 Lesbarkeit** bewertet. Hier hat sich bei Usability-Experten und Web-Praktikern der Flesch-Reading-Ease-Test als Prüfkriterium etabliert, der z. B. in die populäre Suchmaschinen-Optimierungs-Software Yoast-SEO integriert ist (Jacobsen und Meyer 2017, S. 326). Für den Indikator werden der Navigationsstruktur folgend so lange die Seitentexte der Unterseiten extrahiert, bis mindestens 300 Wörter erreicht sind. Es wird aber immer noch der komplette Seiteninhalt einer Unterseite extrahiert, sodass es durchaus zu 400 Wörtern kommen kann, bei denen dann die Lesbarkeit ermittelt wird. Wenn die gesamte Webseite weniger als 300 Wörter enthält, wird der komplette Text analysiert, weiterhin ohne Impressum, Datenschutzseite etc. Text, der in Bildern enthalten ist, wird ebenfalls nicht berücksichtigt. Für diese extrahierten Texte wird dann online über https://fleschindex.de/ der deutsche

Tab. 2.8 Das Kriterium „Gute Inhalte", eine Kurzbeschreibung, seine Indikatoren und deren Ermittlung. (Quelle: Eigene Darstellung)

Kriterium 8: Gute Inhalte	
Die Seite präsentiert umfangreiche, gut zu konsumierende, aktuelle Inhalte.	
Indikator	Ermittlung – Bedingung für positive Bewertung
8.1 Erkennbare Aktualität	Blog, Termine, Veranstaltungen oder Copyright lassen Bearbeitung in den letzten drei Monaten erkennen.
8.2 Menge der Inhalte	Mindestens 2000 Worte Inhalt ohne Impressum, Kontakt etc. sind vorhanden.
8.3 Flesh-Reading-Index	≥ 50 bei den ersten 300 Worten Text.
8.4 Anzahl Links	Mindestens 1 interner oder externer Link pro Seite Inhalt – ohne Impressum, Kontakt etc. und ohne Links in der Navigation.

Flesch-Reading-Ease-Index ermittelt. Dabei werden bei der Extraktion Überschriften immer mit einem Punkt versehen, damit sie als Sätze erkannt werden. Texte mit einem Index-Wert unter 50 gelten als schwer verständlich, anstrebenswert ist ein Wert von über 60 (Schöll 2018). Da die Webtexte jedoch oft Listen und Aufzählungen enthalten (Jacobsen und Meyer 2017, S. 329), konkurriert das mit der Lesbarkeit, sodass das Lesbarkeitskriterium hier schon bei Werten ab 50 positiv gewertet wird (Tab. 2.8).

Eine Webseite lebt ebenso wie das Internet an sich von seinen Verlinkungen (Hahn 2017, S. 200 f.). Daher wurde als **Indikator 8.4 externe und interne Verlinkungen** aufgenommen. Suchmaschinen-Optimierungs-Werkzeuge wie Yoast SEO empfehlen sogar pro Seite mindestens einen internen und einen externen Link (Yoast 2018a, b). Damit der Indikator hier positiv gewertet wird, muss die Summe der internen und externen Links zusammen mindestens der Zahl der inhaltlichen Seiten, also ohne Impressum, Datenschutz etc. entsprechen. Die Linkzahl kann praktisch auch über das Browser-Plugin SEO Quake (https://www.seo quake.com/index.html) ermittelt werden, wobei die Links der eigentlichen Navigation nicht gezählt werden. Ebenso werden externe Links, z. B. im Footer, die auf ein Content-Management-System, eine betreuende Agentur etc. verweisen, nicht gezählt. Inhaltliche Links im Footer z. B. zu Social-Media-Auftritten oder eine zusätzliche Footer-Navigation werden gezählt. Ebenso werden Links, die zu einer vergrößerten Darstellung von Bildern führen, gezählt. Wenn auffällt, dass bestimmte Links auf nichtexistierende externe Seiten bzw. leere interne Seiten führen, werden diese nicht gezählt.

2.2.9   Qualitätskriterium 9: Gute Gestaltung

Das letzte Qualitätskriterium ist „Gute Gestaltung". Es ist notgedrungen das subjektivste, trotz aller Versuche das Schöne zu verstehen (Gelfert 1998), auch im Webumfeld (Wu et al. 2010). Es geht immer um die „Macht der Bilder" (Hahn 2017, S. 531), darum wurden schließlich die „Guten visuellen Inhalte" mit der „Guten Gestaltung" zusammengefasst. „Gute Gestaltung" heißt zum einen die bekannten und offensichtlich recht stabilen Gesetze menschlicher Wahrnehmung zu bedienen (Rohles 2017, S. 120 f.; Jacobsen und Meyer 2017, S. 46 ff.; Hahn 2017, S. 207 ff.), zum anderen geht es um Individualität in der Wahl der Mittel insbesondere der Bilder (Sens 2017, S. 1 f.).

Der **Indikator 9.1** bewertet die **Bildlastigkeit der Startseite.** Diese wird positiv gewertet, wenn mindestens ein Drittel der Startseite von einem oder mehreren Bildern eingenommen wird. Dazu wird von der aktuell häufigsten Bildschirmauflösung 1366 × 768 Pixel (Trendcounter 2018) ausgegangen. D. h. der Bildanteil der Startseite muss insgesamt mindestens 350.000 Pixel betragen. Was z. B. mit einem Bannerbild von 1000 × 350 Pixel oder drei Bildern mit 300 × 400 Pixel erfüllt wäre.

Der **Indikator 9.2** prüft, ob die Webseite **einem erkennbaren Gestaltungsraster folgt.** Es gibt einige gute Gründe, in einem Raster einen Qualitätsindikator zu sehen: Raster geben dem Nutzer Orientierung und machen den Inhalt besser konsumierbar, eine Herangehensweise, die sich schon bei gedruckten Informationen bewährt hat und auch im Online-Design Vorteile hat (Hahn 2017, S. 297 ff.; Rohles 2017, S. 166 f.). Konkret werden die ersten sieben Seiten der Webseiten daraufhin geprüft, ob ein zugrundeliegendes Gestaltungsraster erkennbar ist, bzw. ob höchstens zwei Seiten aus diesem Raster fallen. Dies wird häufiger die Startseite sein, da mit dem Trend zu sogenannten One-Pagern (Hahn 2017, S. 686) bei Gestaltern und Nutzern anders gestaltete Startseiten breit akzeptiert sind.

Ob die sieben Seiten der ersten Inhaltsebene – also bei einem ausgeglichenen Navigationsbaum jeweils die erste Seite eines Navigationspunktes – einem Raster folgen, kann man meist schnell erkennen, wenn man die Seite am Bildschirm oder ausgedruckt untereinanderlegt. Gerade Abweichungen sind in der Regel auch Laien augenfällig. Wenn man das etwas systematischer umsetzen will, kann man sich an dem in Abb. 2.3 dargestellten Grundraster orientieren. D. h. ob alle Seiten einem identischen Spaltenraster folgen, ob Kopf- und Fußbereich über alle Seiten gleich aufgebaut sind. Des Weiteren sind für ein einheitliches Gestaltungsraster maßgeblich: gleiche Größen bzw. zumindest Breiten für Bilder hochkant und quer, einheitliche Ausrichtung des Textflusses (linksbündig, Blocksatz oder

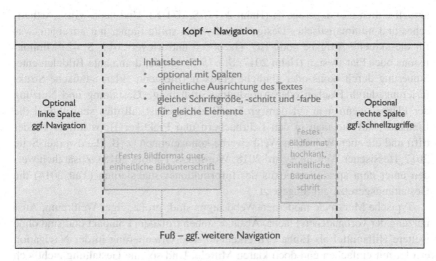

Abb. 2.3 Strukturanalyse der Webseite – *beispielhafte Grundstruktur einer Webseite, die sich durchgängig wiederholen sollte. (Quelle: Eigene Darstellung)*

zentriert), gleiche Schriften (Größe, Schnitt, Farbe) für gleiche Elemente (Fließtext, Überschriften, Auszeichnungen) sowie die durchgängige Verwendung oder Nicht-Verwendung von Bildunterschriften.

Der **Indikator 9.3** bezieht sich auf die Frage nach **individuellen, visuellen Inhalten.** Kann eine Seite gestalterische und/oder visuelle Inhalte aufweisen, die Seiten von Wettbewerbern nicht haben? Hier gibt es sicher Berührungspunkte zum Aha-Effekt aus dem Kriterium Dialog mit den Nutzern (Abschn. 2.2.3). Allerdings reicht dort ein einmaliger Effekt, während es bei den individuellen Inhalten um Inhalte gehen muss, die wiederholt eingesetzt werden und/oder die ganze Webseite deutlich prägen. Das können eine umfangreiche Bildergalerie, oder wiederkehrend ästhetische, seitenfüllende Bilder, eigene Illustrationen, eingebundene Videos oder Animationen sein. Auch die farbliche Gestaltung von Schrift und Navigation kann sich vom Üblichen abheben. Bei vielen gerade älteren Seiten findet sich als dominantestes Merkmal die Farbe oder ggf. noch eine Struktur des Hintergrunds. Das kann man heutzutage nicht mehr als individuelles, positives (!) Merkmal werten.

Der **Indikator 9.4** bezieht sich auf die Modernität der Gestaltung der Webseite. Natürlich entwickelt sich Gestaltung permanent weiter und Geschmäcker sind verschieden, aber dennoch haben Nutzer ein sehr gutes Gespür für das, was aktuell üblich und angesagt ist (Hahn 2017, S. 671 f.). Und heute gilt: „Ästhetisches und minimalistisches Design. Das System sollte immer nur anzeigen, was für die aktuelle Aufgabe nötig ist." (Jacobsen und Meyer 2017, S. 42) Minimalismus oder Flat-Design (Hahn 2017, S. 675 f.), große, dominante Bildelemente, Steuerung durch Ikons oder ähnliche grafische Elemente, klare grafische Strukturierung durch Flächen oder Anordnung, großzügige Gestaltung und Nutzung der Fläche, wenn man auf dem großen Bildschirm ist, all dies sind aktuell die Elemente, auf die man in den Lehrbüchern und Praktiker-Tipps immer wieder trifft und die auch Webseiten-Wettbewerbe kennzeichnen (z. B. Handwerker-Seite 2017; Hessischer Website Award 2018; Wordpress Themes 2018). Zusätzlich werden unter dem speziellen Fokus der Informationsvisualisierung (Yau 2014) die Gestaltungsgesetze gut umgesetzt.

Typische Merkmale modernen Webdesigns sind: großzügiger Weißraum, Ausnutzung der vorhandenen Fläche, Absätze stehen trotzdem kompakt und sind ohne weitere Hilfsmittel als Einheit zu erkennen. Die Orientierung in der Navigation erfolgt mit einfachen und doch klaren Mitteln. Und so eine Gestaltung zieht sich durch die ganze Webseite. Elemente, die nicht mehr zeitgemäß sind, sind: kleine Rahmen, Schatteneffekte, simulierte Dreidimensionalität, Hintergründe mit Farbverläufen, Ornamente ohne Funktion, fehlende Großzügigkeit im Aufbau und bei den Bildern, viele Fettungen im Text, abgerundete Ecken, um nur ein paar häufig auftauchende zu nennen. Dies sollte sicher noch für die nächsten zwei, drei Jahre so bleiben (Tab. 2.9).

Abschließend fällt vielleicht auf, dass ein in der Literatur häufig genanntes Kriterium komplett herausgefallen ist: „Testing". Letztlich ist es nicht möglich,

Tab. 2.9 Das Kriterium „Gute Gestaltung", eine Kurzbeschreibung, seine Indikatoren und deren Ermittlung. (Quelle: Eigene Darstellung)

Kriterium 9: Gute Gestaltung	
Die Seite lässt zeitgemäße, ästhetische Gestaltung erkennen.	
Indikator	Ermittlung – Bedingung für positive Bewertung
9.1 Bilder Startseite ≥ 33%	D. h. bei Standard 1366 x 768 Pixel mindestens 350.000 Pixel Bild.
9.2 Gestaltungsraster erkennbar	Vergleich von Startseite plus 7 Seiten nur bei höchstens zwei Seiten klare Abweichungen – sonst erkennbares Layout.
9.3 Individuelle Gestaltungsinhalte	Prägende oder wiederholt eingesetzte Inhalte, die sich vom Wettbewerb deutlich unterscheiden.
9.4 moderne, reduzierte Gestaltung	Großzügige Bilder, gleichzeitig Flat- und minimalistisches Design, Orientierung durch Gestaltungsgesetze, Informationsvisualisierung wird versucht.

anhand einer Webseite zu ermitteln, ob zu deren Entwicklung oder Betrieb „Testing" genutzt wurde. Offensichtliche Schwachstellen, die einen Umkehrschluss zulassen, in der Art, dass so etwas hätte auffallen müssen, wenn getestet worden wäre, sind hoffentlich durch die anderen Kriterien und deren Indikatoren gut abgebildet. Dennoch ist Testing sicher ein wichtiger Aspekt bei der Konzeption und Erstellung einer ganz neuen Webseite. Aber auch dazu können Ihnen die neun Qualitätskriterien mit ihren vier Indikatoren gute Dienste erweisen, geben sie doch gleich ein Testszenario vor.

Bleibt abschließend nur noch zu besprechen, wie Sie jetzt am besten und konkret vor dem in Kap. 1 dargestellten Hintergrund des sich rasch entwickelnden Online-Business mit den vorgestellten Kriterien eine umfassende Webseitenqualität erarbeiten. Das passiert im Schlusskapitel.

Literatur

Chen, Meimei; Tang, Bingyong; Cheng, Sheng (2005): An Index System for Quality Synthesis Evaluation of BtoC Business Website. In: Proceedings of the 7th International Conference on Electronic Commerce. New York, NY, USA: ACM (ICEC'05), S. 75–77. Online verfügbar unter http://doi.acm.org/10.1145/1089551.1089569

Sens, Bastian (2018): Suchmaschinenoptimierung. Erste Schritte und Checklisten für bessere Google-Positionen. Wiesbaden

Jacobsen, Jens; Meyer, Lorena (2017): Praxisbuch Usability & UX. Was jeder wissen sollte, der Websites und Apps entwickelt. Bonn

Hahn, Martin (2017): Webdesign. Das Handbuch zur Webgestaltung. 2., aktualisierte Auflage. Bonn

Ippen, Johannes (2016): Web Fatale. Wie du Webseiten gestaltest, denen niemand widerstehen kann. Bonn

Rasool, Tayyaba; Warraich, Nosheen Fatima (2018): Does Quality Matter: A Systematic Review of Information Quality of E-Government Websites. In: Proceedings of the 11th International Conference on Theory and Practice of Electronic Governance. New York, NY, USA: ACM (ICEGOV '18), S. 433–442. Online verfügbar unter http://doi.acm.org/10.1145/3209415.3209473

Bernsau, Klaus (2019): Sie Finden unser Angebot auch im Internet!? Analyse der Webpräsenz des Wiesbadener Handwerks, Wiesbaden

Solmecke, Christian; Kocatepe, Sibel (2018): DSGVO für Website-Betreiber. Ihr Leitfaden für die sichere Umsetzung der EU-Datenschutz-Grundverordnung. Bonn

seo-nerd [o. V.] (2018): 73 kostenlose SEO Tools 2019 sortiert nach Kategorie. Hg. v. seo-nerd GmbH. Berlin. Online verfügbar unter https://www.seo-nerd.com/de/seo-tools, zuletzt geprüft am 03.12.2018

seo-summary.de [o. V.] (2018): SEO Tools zur Analyse und Optimierung von Webseiten. Die besten kostenlosen Webmaster SEO Tools für Anfänger und Experten! Unter Mitarbeit von Mario Di Bari. Hg. v. seo-summary.de. Simmozheim. Online verfügbar unter https:// seo-summary.de/seo-tools-kostenlos/, zuletzt geprüft am 03.12.2018

Google [o. V.] (2018): Überprüfen, ob auf einer Webseite Google Analytics verwendet wird. Hg. v. Google. Google. Mountain View, CA. Online verfügbar unter https://support.goo gle.com/analytics/answer/1032399?hl=de, zuletzt geprüft am 04.12.2018

Fiege, Wolf-Dieter (2017): Nutzerverhalten analysieren: Piwik vs. Google Analytics – ein Vergleich. Hg. v. Host Europe. Host Europe. Köln. Online verfügbar unter https://www.hosteu rope.de/blog/piwik-vs-google-analytics-ein-vergleich/, zuletzt geprüft am 03.12.2018.#

WCAG [o. V.] (2008): Web Content Accessibility Guidelines (WCAG) 2.0. Autorisierte deutsche Übersetzung. Unter Mitarbeit von Deutsche Behindertenhilfe Aktion Mensch e.V. Hg. v. W3C.org. W3C.org. Bonn. Online verfügbar unter https://www.w3.org/Translati ons/WCAG20-de/#visual-audio-contrast, zuletzt geprüft am 04.12.2018

Ertel, Andrea; Laborenz, Kai (2017): Responsive Webdesign. Konzepte, Techniken, Praxisbeispiele. Bonn

Samland, Bernd M. (2008): Unverwechselbar – Namen, Claim Marke. Strategien zur Entwicklung erfolgreicher Markennamen und Claims – Fallbeispiele, Tipps und Erläuterungen aus der Praxis. München

Pettauer, Ritchie (2018): DSGVO-proof bloggen. WordPress und der Datenschutz: Was Blogbetreiber beachten sollten. In: iX Magazin (09/2018), S. 52. Online verfügbar unter https:// www.heise.de/select/ix/2018/9/1535865388659053, zuletzt geprüft am 06.12.2018

Lewandowski, Dirk (2015): Suchmaschinen verstehen. Berlin

Schöll, Peter (2018): Die Flesch-Formel Flesch-Reading-Ease-Score. Gelesen ist nicht verstanden. Bonn. Online verfügbar unter https://fleschindex.de/formel, zuletzt geprüft am 08.12.2018

Yoast [o. V.] (2018a): Yoast SEO assessment: Outbound links. Hg. v. Yoast BV. GX Wijchen/NL. Online verfügbar unter https://yoast.com/wordpress/plugins/seo/outbound-links-check/, zuletzt geprüft am 08.12.2018

Yoast [o. V.] (2018b): Yoast SEO assessment: Internal links. Hg. v. Yoast BV. GX Wijchen/NL. Online verfügbar unter https://yoast.com/wordpress/plugins/seo/internal-links-check/, zuletzt geprüft am 08.12.2018

Gelfert, Hans-Dieter (1998): Im Garten der Kunst. Versuch einer empirischen Ästhetik. Göttingen

Wu, Ou; Chen, Yunfei; Li, Bing; Hu, Weiming (2010): Learning to Evaluate the Visual Quality of Web Pages. In: [o.V.] (Hg.): Proceedings of the 19th International Conference on World Wide Web. New York, NY, USA: ACM (WWW '10), S. 1205–1206. Online verfügbar unter http://doi.acm.org/10.1145/1772690.1772876

Rohles, Björn (2017): Grundkurs gutes Webdesign. Alles, was Sie über Gestaltung im Web wissen müssen. 2., aktualisierte und erweiterte Auflage. Bonn

Sens, Bastian (2017): Schluss mit 08/15-Websites – so bringen Sie Ihr Online-Marketing auf Erfolgskurs. 79 Tipps für Ihren Online-Auftritt. Wiesbaden

Trendcounter [o. V.] (2018): Browser Statistik und Marktanteile 2018. (11/2018). Unter Mit arbeit von Oliver Lamm. Hg. v. trendcounter. Düsseldorf. Online verfügbar unter https:// de.trendcounter.com/research/, zuletzt geprüft am 08.12.2018

Handwerker-Seite [o. V.] (2017): Die Handwerker-Seite des Jahres 2017 steht fest. Hg. v. MyHammer AG. Berlin. Online verfügbar unter http://www.handwerkerseite-des-jah res.de/, zuletzt geprüft am 10.12.2018

Hessischer Website Award [o. V.] (2018): Die besten Websites in Hessen. Die Sieger des Hessischen Website Awards 2018. Hg. v. BIEG Hessen. Frankfurt am Main. Online verfügbar unter https://www.website-award-hessen.de/, zuletzt geprüft am 10.12.2018.

Wordpress Themes [o. V.] (2018): The Best and Most Popular WordPress Themes of 2018. Updated. Hg. v. WPBeginner LLC. West Palm Beach, FL. Online verfügbar unter https://www.isitwp.com/top-wordpress-themes/, zuletzt geprüft am 10.12.2018

Yau, Nathan (2014): Einstieg in die Visualisierung. Wie man aus Daten Informationen macht. Unter Mitarbeit von Martina Hesse-Hujber. Weinheim

Konsequenzen: Permanente Arbeit an der Online-Qualität als Basis des Erfolgs gerade im kleinen Mittelstand

Was folgt aus den beschriebenen Kriterien der Webseitenqualität für Ihr zukünftiges Geschäft? In drei klaren und auch für KMUs umsetzbaren Schritten sollten Sie vorgehen.

3.1 Optimierung Ihres Webauftritts – der beste Zeitpunkt ist immer jetzt

- Starten Sie gleich damit einzelne Kriterien und deren Indikatoren für Ihre Webseite zu ermitteln
- Legen Sie einen Termin in naher Zukunft fest, zu dem Sie anhand der Kriterien und Indikatoren vollständig die Qualität Ihrer Webseite erhoben haben
- Starten Sie unmittelbar die Verbesserung Ihrer Webseite anhand des Ergebnisses
- Bei der Priorisierung, welche Kriterien Sie zuerst angehen, hilft unter Umständen der direkte Vergleich mit der Qualität der Webseiten Ihrer Wettbewerber – auch die können Sie mit dem beschriebenen Verfahren analysieren
- Sorgen Sie dafür, dass Sie gleichermaßen professionelle Hilfe von außen bekommen und Ihre Digital-Kompetenzen und die Ihres Teams aufbauen
- Springen Sie nicht zu kurz – die Indikatoren sind nur Messgrößen für die Qualitätskriterien. Wenn Sie nur unmittelbar anhand der Indikatoren optimieren, ohne den Sinn der übergeordneten Kriterien zu erkennen, täuschen Sie sich selbst und erreichen nur eine relative aber keine nachhaltige Verbesserung
- Und ganz klar, manchmal muss es eine komplett neue Webseite sein – das hat die empirische Untersuchung der Webseiten im Handwerk gezeigt

K. B. Bernsau, *Total Web Quality*, essentials, https://doi.org/10.1007/978-3-658-33958-6_3

3.2   Total Web Quality (TWQ) ist machbar

3.2.1   Permanente Qualitätspflege der Webseite ist ein Muss

„Worum soll ich mich denn noch alles kümmern?", ist eine oft gehörte Klage, wenn man Handwerker oder andere kleine Unternehmen mit den Herausforderungen der modernen Geschäftswelt konfrontiert. Von Datenschutz über Employer Branding, Gesundheitsmanagement bis zur Digitalisierung von Prozessen und Online-Business reichen die Anforderungen. Dabei sind viele Mittelständler oft nur Unternehmer geworden, weil sie begeistert waren von ihrem Gegenstand und ihrer Fachkenntnis.

Der Begriff des Total Quality Managements (Rothlauf 2014) scheint da aus einer anderen, akademischen Großkonzern-Welt zu kommen und völlig überfordernd für den kleinen Mittelstand zu sein. Aber im Gegenteil: Das Zusammenspiel und die Wechselbeziehungen zwischen den Qualitätskriterien zeigen, dass nur ganzheitliche Vorgehensweisen überhaupt erfolgversprechend sind und gleichzeitig enormes Synergiepotential haben, wenn man den eigenen Online-Auftritt nicht als einmalige Aufgabe betrachtet, sondern als permanenten Prozess im Sinne eines Deming Cycles (Koch 2015, S. 204 ff.), wie in Abb. 3.1 dargestellt. Gerade für kleine KMUs stellt sich aber dennoch die Frage: machen oder machen lassen?

3.2.2   Qualität: Machen oder machen lassen?

Die ausführlichen Beschreibungen der Kriterien und Indikatoren in diesem Essential sollen den Unternehmer bzw. ein entsprechend qualifiziertes Mitglied aus seinem Team befähigen, zumindest den Qualitätsstatus seiner Webseite selbst zu erheben und zu verbessern. Das gilt vor allem für die Unterstützung des Besucherverhaltens (Kriterien: 1. Suchmaschinen-Optimierung, 4. Usability, 5. Responsivität, 9. Gute Gestaltung), dem Bearbeiten von Besucher-Reaktionen (Kriterien: 3. Dialog mit Nutzern, 7. Datenschutz) und der regelmäßigen Erstellung neuer Inhalte (Kriterien: 6. Eigene Positionierung, 8: Gute Inhalte). Aktuelle Software-Werkzeuge für den Betrieb von Webseiten, sogenannte Content-Management-Systeme sind nach einer einmaligen Einrichtung durch den Profi durchaus so beschaffen, dass die Bearbeitung der o. g. Kriterien nach einer ausführlichen Schulung gut intern erfolgen kann. Das entspricht der Mentalität des Mittelstandes. Und vielfach wird argumentiert, dass eine interne Pflege kostengünstiger sein und weniger Vorbereitung bedarf sowie schneller erfolgen kann. Dies ist theoretisch korrekt, ist in der gelebten Praxis aber oft ein Trugschluss.

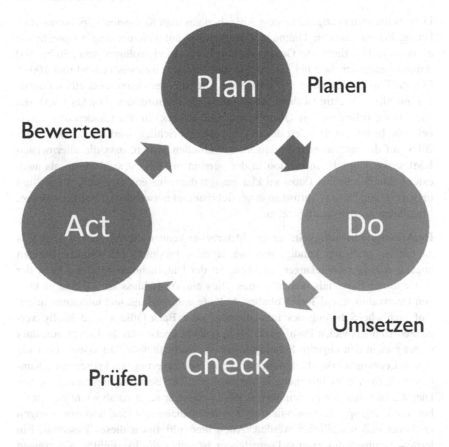

Abb. 3.1 Der sogenannte Deming Cycle: Arbeit an der Qualität als permanenter Prozess. (Quelle: eigene Darstellung)

Kosten: Wie wir gesehen haben, ist die Pflege einer Webseite eine Tätigkeit, die vielfältige Kompetenzen erfordert. Eine Person mit entsprechender Qualifikation und etwas Berufserfahrung, wird man kaum unter einem Bruttojahresgehalt von 40.000 € ans Unternehmen binden können. Die Pflege der Webseite ist wiederum sicher keine Vollzeitbeschäftigung in einem kleinen mittelständischen Unternehmen. Mit 5 bis 10 Arbeitsstunden pro Woche wird man hinkommen. Allerdings fallen die Aufgaben nicht kontinuierlich, sondern unregelmäßig und stoßweise an.

D. h. es müssten genügend weitere Aufgaben aus dem Kompetenz-Spektrum Marketing, Kommunikation, Online im Unternehmen anfallen, um eine entsprechende Stelle zu rechtfertigen. Die Gegenrechnung eines Arbeitsvolumen von 250 bis 500 Arbeitsstunden im Jahr bei einem externen Stundensatz zwischen 50 und 100 € je nach Tätigkeit, Standort und Größe des Dienstleisters kann da deutlich günstiger ausfallen. Wichtig ist dann jedoch, dass die Führung des Projekts (Act), die Zielsetzung (Plan) und die Qualitätskontrolle (Check) in den Händen des Unternehmens bleibt. Dafür liefert dieses Essential das richtige Werkzeug. Fakt ist mit Blick auf die untersuchten Handwerker-Webseiten jedoch, dass die allermeisten KMUs eine jährliche Investition in der genannten Höhe sowohl intern als auch extern aktuell scheuen. Dabei sei klar gesagt, dass eine entsprechende Investition in den eigenen Online-Auftritt so unverzichtbar und notwendig ist wie Büroräume, Maschinen oder Firmenfahrzeuge.

Reaktionsgeschwindigkeit: Interne Mitarbeiter kennen die Abläufe, wissen was zu tun ist, und sind kundig, was die eigenen Produkte und Dienstleistungen angeht. Aus jahrzehntelanger Erfahrung in der Unternehmensberatung kann der Autor dieses Essentials berichten, dass dies ein Trugschluss ist. Gerade in kleinen Unternehmen und Teams bleiben Abläufe unhinterfragt und undokumentiert. Auf fachliche Schulung des Innendienstes oder Back-Offices wird häufig verzichtet. Und aus vielen Positionierungsworkshops speist sich die Erkenntnis, dass es bis rauf in den engeren Führungskreis unterschiedlichste Auffassung über die eigene Leistungsstärke (Kriterium 6: Eigene Positionierung) und potenzielle Kunden (Kriterium 2: Zielgruppenorientierung) gibt. Die Beauftragung eines externen Dienstleisters hat den großen Vorteil, dass sinnvollerweise vorab wichtige Vorgaben wie Zielgruppen, Positionierung, Schlüsselinhalte und Reaktionserwartungen erarbeitet und festgehalten werden. Auch hier hilft Ihnen dieses Essential. Ein letztes Argument für externe Dienstleister ist sicher die Flexibilität. Sie können grundsätzlich immer und genau mit den richtigen Kapazitäten und Kompetenzen zur Verfügung stehen.

3.3   Lokaler David gegen Online-Goliath

Bei der im Kap. 1 geschilderten Entwicklung ist die Frage, ob es für kleine KMUs überhaupt eine Chance gibt, die internationalen Wettbewerber insbesondere die Plattformen zu umgehen oder gar schlagen zu können. Ein zentraler Ansatz dazu kann im Kano-Modell (Hölzing 2008, S. 76 ff.) liegen. Das Kano-Modell ist ein in der praktischen Arbeit an der Kundenzufriedenheit sehr populärer

Ansatz, der davon ausgeht, dass nicht jede unternehmerische Leistung gleichermaßen zur Kundenzufriedenheit beiträgt. Vielmehr unterscheidet es zwischen drei
unterschiedlichen Kundenerwartungen:

- Die Basisanforderungen sind Leistungen, die Kunden einfach erwarten, deren
  Fehlen schnell zu einer Unzufriedenheit führt, deren Erfüllung aber nicht
  positiv bemerkt wird.
- Die Leistungsanforderungen sind Leistungen frei nach dem Motto ‚viel hilft
  viel‘. Die Kunden registrieren und bewerten ihr Fehlen und ihr Vorhandensein
  gleichermaßen.
- Die Begeisterungsanforderungen sind Kunden häufig gar nicht so bewusst.
  Ihr Fehlen wird nicht bemerkt, aber ihr Vorhandensein sorgt für ein starkes
  Ansteigen der Kundenzufriedenheit bis zur Begeisterung.

Das Kano-Modell (Abb. 3.2) eignet sich hervorragend als Inspiration für kleine
Mittelständler in der Auseinandersetzung mit der Plattformwirtschaft, weil es die
große Bedeutung der Basisanforderungen und der Begeisterungsanforderungen

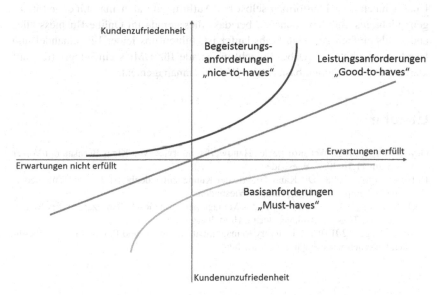

Abb. 3.2 Das Kano-Modell der Kundenzufriedenheit. (Quelle: Eigene Darstellung angelehnt
an Hölzing 2008, S. 101)

betont. Basisanforderungen stellen für KMUs ein Risiko dar, da diese häufig zu wenig Aufmerksamkeit auf Prozesse und Standards legen und zu sehr darauf vertrauen, dass alles schon irgendwie läuft, während Plattformen gerade hier und in den Leistungsanforderungen ihre Stärke haben. Die Webseitenqualität ist dafür sicherlich ein sehr plakatives Beispiel. Die Erwartungen der Kunden und die Leistungen von z. B. Check24, MyHammer oder Aroundhome dürften die Leistungen vieler KMUs – wie die empirische Untersuchung im Handwerk leider gezeigt hat – um Längen übertreffen. Hier liegt eine sehr große Gefahr für den gesamten kleinen Mittelstand, denn die Nichterfüllung von Basisanforderungen verzeihen Kunden nicht. Und einmal verloren, sind sie kaum wiederzugewinnen.

Aber gerade im kleinen Mittelstand kann man nun erleben, dass vermeintliche Basisanforderungen wie Pünktlichkeit, Sauberkeit und Zuverlässigkeit sogar als Begeisterungsfaktoren taugen (Geyer 2018). Aber die großen Chancen gerade für kleine, persönliche geführte KMUs, wie sie prototypisch Handwerksunternehmen darstellen, liegen in den drei Kriterien: Zielgruppenorientierung, Dialog mit Nutzern und eigene Positionierung. Persönlichkeit, Begeisterung fürs eigene Produkt, Fachkenntnis, überschaubare Größe, Nähe und bewährte Kommunikationskanäle zu bestehenden und potenziellen Kunden bieten enorme Möglichkeiten, die große Unternehmen oder Plattformen selbst bei Aufbringung aller maschineller Intelligenz nicht ausschöpfen können. Aber dass dies gerade im Online-Business alles andere als einfach und kein Selbstläufer ist, führen uns leider Einzelhandel und Handwerk täglich vor. Dabei braucht es gerade für KMUs ein integriertes, auf klaren Qualitätskriterien basierendes Webseitenmanagement.

Literatur

Geyer, Volker (2018): Webauftritte des Handwerks. Interview von Klaus Bernsau mit Volker Geyer am 11.10.2018. Wiesbaden
Hölzing, Jörg A. (2008): Die Kano-Theorie der Kundenzufriedenheitsmessung. Eine theoretische und empirische Überprüfung. Wiesbaden
Koch, Susanne (2015): Einführung in das Management von Geschäftsprozessen. Six Sigma, Kaizen und TQM. 2. Auflage. Berlin, Heidelberg
Rothlauf, Jürgen (2014): Total Quality Management in Theorie und Praxis. Zum ganzheitlichen Unternehmensverständnis. München

Fazit: So gewinnen Sie mit Online-Qualität den zukünftigen Wettbewerb

4

- Planen Sie ab sofort unter der Voraussetzung, dass jedes Geschäft ein Online-Business sein wird
- Die Veränderungen der Geschäftsmodelle werden gewaltig sein, auch wenn sich das viele kleine KMUs heute noch nicht vorstellen können. Führen Sie sich anhand der schon bekannten Plattformen in Handel, Tourismus, Gastronomie und Finanzwirtschaft vor Augen, wie dramatisch die Veränderungen auch für Ihr Geschäftsmodell sein können und sein werden
- Stellen Sie sich vor, welche Auswirkungen die beschriebenen Schwächen der Webseiten konkret auf Ihr Geschäft haben
- Verabschieden Sie sich von der Ausrede, Ihr Geschäft und Ihre Situation wäre ganz anders und was für alle gilt, würde nicht für Sie gelten
- Die Veränderungen werden schnell kommen. Wer nicht sofort beginnt zu handeln, für den könnte es zu spät sein. Schaffen Sie sich einen Vorsprung vor Ihren Wettbewerbern
- Begreifen Sie Ihre Webseite als zentralen Ausgangspunkt für all Ihre zukünftigen Geschäftsaktivitäten und damit auch für deren Erfolg
- Die Webseite als das Kernelement der Online-Aktivitäten im Mittelstand muss permanent gepflegt, kontrolliert und weiterentwickelt werden. Das stellt eine grundlegende Veränderung des eher aktions- und mittelbezogenen Kommunikationsverhaltens von KMUs dar
- Es gibt klare – wissenschaftlich geprüfte – Kriterien für die Qualität Ihrer Online-Aktivitäten. Dies sind gleichgewichtig, in alphabetischer Reihenfolge:
  - Datenschutz
  - Dialog mit Kunden und Interessenten
  - Eigene Positionierung

K. B. Bernsau, *Total Web Quality*, essentials,
https://doi.org/10.1007/978-3-658-33958-6_4

- Gute Gestaltung
- Gute Inhalte
- Responsivität – Mobilfähigkeit auch des Geschäftsmodells
- Suchmaschinen-Optimierung
- Usability – Webseiten und Angebote müssen Besuchern passen
- Zielgruppenorientierung

- Beginnen Sie sofort damit einen Online-Qualitätsprozess ins Leben zu rufen. Mit den Qualitätskriterien dieses Essentials und dem vorgestellten Deming Cycle haben Sie alles Wichtige bei der Hand
- Webseite und jede weitere Online-Aktivitäten, z. B. auch Social-Media-Aktivitäten müssen in eine markt- und kundenorientierte Strategie eingebettet sein und dürfen nicht losgelöst betrachtet werden
- Die Online-Technik muss sich nach Ihren Zielen und Ihrer Strategie richten, nicht umgekehrt
- Bleiben Sie optimistisch. Nutzen Sie die besonderen Chancen, die sich Ihnen als KMU im Vergleich zu Großkonzernen und Plattformen bieten:
  - Nähe zu den Kunden und zu den Menschen
  - Verankerung in lokalen Märkten bzw. Verankerung in überschaubaren Spezialmärkten
  - Flexibilität und Wandlungsfähigkeit
  - Begeisterung für die eigene Leistung und das eigene Werk
  - Fähigkeit und Bereitschaft zu (kundenorientierten) Spitzenleistungen

Was Sie aus diesem *essential* mitnehmen können

- Die Qualitätskriterien für Ihren Webseiten-Erfolg: Suchmaschinen-Optimierung, Zielgruppenorientierung, Dialog mit Nutzern, Usability, Responsivität, Positionierung, Datenschutz, Gute Inhalte, Gute Gestaltung.
- Eine konkrete Analyse-Anleitung und dauerhaft anwendbare Prüfmechanismen für alle Qualitätskriterien.
- Zahlreiche Optimierungsvorschlägen zur Steigerung des Unternehmenserfolgs mittels Online-Kommunikation.

Literaturverzeichnis

Folgende Online-Tools wurden genutzt

https://fleschindex.de/berechnen.php – Ermittlung des deutschen Flesch-Reading-Ease-Indexes

https://tools.pingdom.com/ – Ermittlung der Ladegeschwindigkeit und Qualität der untersuchten Webseiten

https://www.seoquake.com/index.html – Ermittlung verschiedener Leistungsparameter der untersuchten Webseiten, wie Umfang der Wörter und Links

https://validator.w3.org/nu/ – Ermittlung der Fehler und Warnungen im Code nach W3C-Standard

Ferner wurde im Text noch allgemein auf folgende Seiten hingewiesen

https://dl.acm.org – Digital Library der Association for Computing Machinery (ACM)

https://www.aroundhome.de/ – Partnervermittlung rund ums Haus

https://www.bundesfachstelle-barrierefreiheit.de – Bundesfachstelle Barrierefreiheit

https://www.check24.de/profis/dienstleister/handwerker – Handwerkersuche bei Check 24

https://www.my-hammer.de – Startseite von MyHammer. Deutschlands Handwerkerportal Nr. 1

https://www.w3.org/ – The World Wide Web Consortium (W3C)

Printed in the United States
by Baker & Taylor Publisher Services

Printed in the United States
by Baker & Taylor Publisher Services